रघुनाथ

ৰঘুনাথ

रघुनाथ

असमिया और हिन्दी

विद्युत कुमार नाथ

वाणी प्रकाशन

प्रकाशन के उत्कृष्टतम 63 वर्ष

पहला संस्करण : 2026

vaniprakashan.com

वाणी प्रकाशन

4695, 21-ए, दरियागंज, नयी दिल्ली-110 002

फ़ोन : + 91 11 23273167, 23275710

शाखाएँ

अशोक राजपथ, पटना-800 004, बिहार

कॉफ़ी हाउस कैम्पस, महात्मा गांधी मार्ग, प्रयागराज-211 001, उत्तर प्रदेश

महात्मा गांधी अन्तरराष्ट्रीय हिन्दी विश्वविद्यालय, वर्धा-442 001, महाराष्ट्र

sales@vaniprakashan.in

vaniprakashan@gmail.com

RAGHUNATH

by Bidyut Kumar Nath

ISBN : 978-93-7348-042-8

Play

मूल्य : ₹ 199

जी.एस. ऑफ़सेट, दिल्ली-110 095 में मुद्रित

वाणी प्रकाशन का लोगो मक़बूल फ़िदा हुसैन की कूची से

ৰচনাকাল - ২০২২

ফুল, নৈ, সাগৰ-মহাসাগৰ, গছ-গছনি, ৰ'দ-বৰষুণ, ৰঙ-বিৰঙ জন্তু, পোক-পৰুৱা, পতংগ, বিজুলী-ধেৰেকনি, পাহাৰ-পৰ্বত, দিন-ৰাতি, চৰাই, মাটি, আকাশ, তৰা, মানুহ আৰু মানুহে ভালপোৱা, মানুহৰ ভাল লগা ভাল বোৰৰ বাবে উৎসৰ্গিত,.......................................

পাতনি

ৰঘুনাথ এক গভীৰ ব্যক্তিগত কাহিনী। ই উন্নয়ন আৰু প্ৰগতিৰ লাইমলাইটৰ পৰা বহু দূৰত প্ৰান্তীয়ভাৱে বাস কৰা সকলৰ নিৰৱ সংগ্ৰামক প্ৰতিফলিত কৰে। অসমত ডাঙৰ হৈ অসমত বানপানীৰ ফলত হোৱা ধ্বংসলীলা আৰু দুৰ্গম গাঁৱত আন্তঃগাঠনি অভাৱৰ সাক্ষী হৈছোঁ। নিজৰ নিয়ন্ত্ৰণৰ বাহিৰৰ পৰিস্থিতিত আপোনজনক হেৰুওৱাৰ যন্ত্ৰণা বহু গাঁৱৰ মানুহে নিৰৱে সহ্য কৰা দেখিছোঁ।

ৰঘুনাথৰ কাহিনী এনে এক যন্ত্ৰণাৰ পৰাই জন্ম হয়, কিন্তু ই আশা আৰু স্থিতিস্থাপকতাৰ কথাও কয়।

ৰঘুনাথ হৈছে দুৰ্ভগীয়া পিতৃসকলে নিজৰ দুখ কষ্টক আওকান কৰি সন্তানৰ কাৰণে সুখৰ ৰ'দ এচেৰেঙা বিচাৰি উমলিবলৈ দিব খোজা হতাশাজনক প্ৰচেষ্টা।

ই মানৱীয় মনোভাৱৰ প্ৰতিফলন, আমি আমাৰ অভাৱী, দুখীয়া, পৰিশ্ৰমী মানুহখিনিক সুৰক্ষা আৰু উন্নীত কৰিবলৈ কিমান কি দূৰলৈ যাওঁ যদিও ইয়াৰ অৰ্থ সত্যক বেকাকৈ প্ৰকাশ কৰি দেখুওৱা।

ৰঘুনাথে এটা ঐশ্বৰিক মূৰ্তি আবিষ্কাৰ কৰাৰ কথা কৈ ধুৰন্ধৰ এচামক প্ৰতাৰণা কৰাৰ পৰিকল্পনা কৰিছে...ই আঁচনি বিচাৰি নহয়.... ই সহায়ৰ বাবে চিঞৰ, বহুদিন ধৰি অৱহেলিত হৈ থকা এখন গাঁৱৰ প্ৰতি দৃষ্টি আকৰ্ষণ কৰাৰ উপায়।।

এই কাহিনীটোৰ নৈতিক দ্বিধাদ্বন্দ্ব সমূহৰ অন্বেষণ। যদি প্ৰতাৰণা বৃহত্তৰ মঙ্গলৰ বাবে হয় তেন্তে ইয়াক ন্যায্যতা প্ৰদান কৰিব পাৰিনে? ব্যক্তিগত দুখ আৰু সাম্প্ৰদায়িক দায়িত্বৰ মাজত কেনেকৈ ভাৰসাম্য ৰক্ষা কৰিব পাৰি? ৰঘুনাথৰ এই যাত্ৰাৰ জৰিয়তে প্ৰান্তীয় সম্প্ৰদায়ৰ অদৃশ্য সংগ্ৰাম আৰু ন্যায় , সুৰক্ষা আৰু প্ৰগতিৰ সন্ধানত মানুহে কৰা জটিল পছন্দৰ বিষয়ে এক সংলাপ মুকলি কৰাৰ প্ৰয়াস।

নাটকখন গ্ৰাম্য ভাৰতৰ অগোচৰ নায়ক সকলৰ প্ৰতি যি সকলে উন্নত ভৱিষ্যতৰ বাবে সকলো বিপদৰ বিৰুদ্ধে যুঁজ দিয়ে তেওঁলোকৰ হাতত উৎসৰ্গিত।

নাট্যকাৰ, পৰিচালক, অভিনেতা

বিদ্যুৎ কুমাৰ নাথ

ননৈ খাটৰ গাঁও

ননৈ নগাও অসম

৭৮২১০১

ফোন : ৮৬৩৮১৯৪১৮৫

নাটকৰ সাৰাংশ

ৰঘুনাথ এজন গাঁৱৰ মানুহ। যি দিন হাজিৰা কৰি তিনিজনীয়া পৰিয়াল এটা পোহপাল দি আছে। ৰঘুনাথৰ গাঁৱত এখন স্কুল নাই, এখন দলং নাই , বাট পথ অতি দুৰ্গম। কোনো চৰকাৰী আচনিয়ে ঢুকি নোপোৱা এখন গাঁও। ৰঘুনাথে নিজৰ কষ্টোপাৰ্জিত সকলো লগাইছে একমাত্ৰ ছোৱালীজনীক শিক্ষিত কৰি ডাঙৰ মানুহ হিচাপে গঢ়িবলৈ। গাঁৱৰ একমাত্ৰ ছোৱালী যাক স্কুলত ৰঘুনাথে নাম লগাই দিছে। গাঁৱত স্কুল নথকাৰ বাবে দলং নথকাৰ বাবে নৈৰ সিটো পাৰে থকা বহু যোজন আঁতৰলৈ যাব লগা হয়।

বাৰিষা বানপানীৰ সময়ত স্কুললৈ যোৱাৰ অৱস্থাত ৰঘুনাথে নিজৰ মৰমৰ ছোৱালীজনীক হেৰুৱাই। আৰু এই স্মৃতিয়ে তেওঁক সকলো সময়তে খেদি ফুৰে।

ৰঘুনাথে নতুন আৰম্ভণিৰে নতুনকৈ উন্নত গাঁও এখনৰ সপোন দেখে য'ত বাৰে বাৰে বানপানীয়ে খহাই নিয়া মথাউৰী আৰু এখন দলঙৰ অভাৱত কোনো শিশুৰ মৃত্যু নহয়।

এদিন নিজৰ সপোন বাস্তৱায়িত কৰিবলৈ তেওঁৰ ঘৰত এজন ঐশ্বৰিক দেৱতাৰ প্ৰাচীন মূৰ্তি এটা আছে বুলি ভুৱা উৰা বাতৰিৰ সৃষ্টি কৰে। এইটোৱে চৰকাৰ আৰু সংবাদ মাধ্যমক গাওঁখনলৈ আকৰ্ষণ কৰিব আৰু শেষত গাঁৱত বাট পথ মথাউৰী, দলং, স্কুল আৰু ধুনীয়া মন্দিৰ এটা স্থাপন হব বুলি বিশ্বাস কৰিছিল।

ৰঘুনাথে যি হেৰুৱাইছিল সি আছিল সঁচা আৰু পাবলৈ যি কৰিছিল সেয়া আছিল মিছা।

চৰিত্ৰ	অভিনেতা
ৰঘুনাথ	বিদ্যুৎ কুমাৰ নাথ
জানকী	যুতৃষ্ণা গোহাই
সমবেত শিল্পী	
বুঢ়া, কালপ্ৰীত, আৰু মহিলাৰ চৰিত্ৰত	পৰেশ দাস, হিমাংশু দেউৰী, জিণ্টুমণি ডেকা, পাপুমণি বৰা, ৰূপম শইকীয়া, জ্যোৎস্না সেনাপতি।
দলীয় নিয়ন্ত্ৰক-	বসন্ত গোঁহাই, জ্যোতিপ্ৰসাদ ভূঞা খঞ্জন কিশোৰ নাথ
সংগীত -	নেত্ৰকমল বৰা
পোহৰ-	গৌতম শইকীয়া
মঞ্চ পৰিকল্পনা-	বিদ্যুৎ কুমাৰ নাথ, যতীন দাস
কৰিঅ'গ্ৰাফী-	বিদ্যুৎ কুমাৰ নাথ, হিমাংশু দেউৰী, জিণ্টুমণি ডেকা, যুতৃষ্ণা গোহাই
সাজসজ্জা আৰু নাটকীয় সম্পত্তি -	টীম ৰঘুনাথ

ৰঘুনাথ

পৰিকল্পনা, নাট্যকাৰ, পৰিচালক

-বিদ্যুৎ কুমাৰ নাথ

প্ৰস্তাবনা দৃশ্য — ১

(সংগীত; মহাপুৰুষ শংকৰদেৱ সৃষ্ট দেৱ বাদ্য কালি)

ক্ষীণ হাতে বনোৱা কেৰাচিন তেলৰ চাকি এটাৰ পোহৰ দেখা যায়। চাকিটো এখন অনুন্নত গাঁৱৰ পৰিশ্ৰমী মানুহ এজনৰ পৰা আন এজনৰ হাতলৈ গৈ থাকে। (সংগীত; খোলৰ শব্দ)

প্ৰলয়ংকাৰী বান অহাৰ সম্ভাৱনা বিৰাজমান। গাঁৱৰ প্ৰত্যেকজন মানুহ শংকিত হোৱা দেখা যায়। নিজৰ খেতিৰ মাটিডোখৰ, মৰমৰ ঘৰখন পুনৰ হেৰুওৱাৰ ভয়ে মানুহখিনিক চিন্তাক্লিষ্ট কৰিছিল। হাতত চাকি লৈ এজন এজনকৈ একগোট হৈ মথাউৰিৰ ফালে সকলো গমন।

(পট পৰে।)

প্ৰস্তাবনা দৃশ্য —২

জানকীৰ জীৱনলৈয়ো যেন এজাক ঘূৰ্ণী বতাহ আহে। হঠাতে অহা এটা জয়াল ৰাতি....। এই অন্ধকাৰত চাকিটো জ্বলাই অদৃশ্য শক্তিৰ ওপৰত ভৰসা।

(পট পৰে।)

প্ৰস্তাবনা দৃশ্য— ৩

বৰষুণ বাঢ়ি আহে।প্ৰত্যেকজন মানুহ হাতত চাকি আৰু ছাতি লৈ মথাউৰিৰ ওচৰ পায়। পানী বাঢ়ে। গাঁওবাসীয়ে ভয়ত বিতত হৈ নেদেখাজনক কাতৰ প্ৰাৰ্থনা কৰে।

ব্যক্তি ১ :- দয়াময় দয়াময়

ব্যক্তি ২: - হে প্ৰভু হে প্ৰভু

ব্যক্তি ৩: কৃষ্ণ কৃষ্ণ... কৃষ্ণ কৃষ্ণ

ব্যক্তি ৪: হে হৰি...হে হৰি

ব্যক্তি ৫ : হৰিব'ল হৰিব'ল (অনাগত বিপদ সম্পৰ্কে শংকিত হৈ সকলোৱে একেলগে ঈশ্বৰৰ নাম লয়)

পুনৰ বানে তচনছ কৰি যোৱা গাঁওএখন আৰু দাল দৰিদ্ৰ মানুহৰ আহিবলগীয়া অভাৱ আৰু দুৰৱস্থাৰ ছবি এখন ৰঘুনাথৰ দুচকুত ভাঁহি আহে।

(পট পৰে।)

দৃশ্য —/১

(খেতি, ভেটি হেৰুৱালে যদিও মনোবল হেৰুওৱা নাছিল। পুনৰ যেন নতুনকৈ গাঁওখন সজাই লব। একেলগে হাত উজান দিছিল। আনলৈ আশা নকৰি ভাঙি যোৱা মথাউৰীটো গাঁওবাসীয়ে নিজৰ সামৰ্থ্যৰে মেৰামতি কৰাত ব্যস্ত হৈছিল।)

সকলোৱে: জোৰ লগাকে, হেইচ্ছ'

ব্যক্তি ১: আনলৈ আশা কৰি লাভ নাই দাইটি

ব্যক্তি ২: কোটি কোটি টকাৰে বালৰ মথাউৰী বনাই।

ব্যক্তি ৩: চব চাল্লা ডাঙৰ ডাঙৰ বেমাৰ হৈ মৰিব

মহিলা(কেটলি এটাত পানী লৈ আহে ।সকলোকে দিয়ে): ঠিক কৈছ। ৰাইজৰ শাও লাগি মৰিব জহনীত যোৱা হত,,।

ব্যক্তি ৪:- ঐ আজিৰ দিনত জোৰ যাৰ মুলুক তাৰ

ব্যক্তি৫: পানী ৰ'ব বুজিছ দাইটি.....;পানী ৰ'ব।

ব্যক্তি৪:- হ'লেও কপিলী আইক ভৰসা কৰিব নোৱাৰি।

মহিলা:- এনেকৈ বৰষুণ দি থাকিলে আজি ৰাতিটোৰ ভিতৰতে গোটেই গাঁওখন ডুবিব।

ব্যক্তি ৩:- ধেই, এই অমংগলীয়া কথাবোৰ নকবিচোন

ব্যক্তি১:- এই গাঁও খনৰ প্ৰতি বালৰ মায়া মোহ একো নাইকিয়া হৈ গৈছে।

ব্যক্তি ২:- হয় অ' দাইটি। প্ৰতি বছৰে বান আহে আৰু যায়।আকৌ আহে আকৌ যায়। মথাউৰী ভাঙে। কমখন কষ্ট হয় নে আমাৰ। নোৱাৰিছোঁ আৰু দেই...

ব্যক্তি৫: অমিতো বালৰ ওলমি থকা মানুহ হে,, নেদেখে কোনেও আমাক। কণা বিধাতা,,ফুটা কপাল।

মহিলা:- গাইমূৰী চৰকাৰী চাউল কেইটা পাই আছোঁ বুলিহে...সেইকেইটা নোহোৱা হ'লেই...

ব্যক্তি ১:- চব চাল্লা লংকালৈ গ'লেই ৰাৱণ হয়।

ব্যক্তি৩: এই ৰজাঘৰীয়াক দোষ দি একো লাভ নাই...

ব্যক্তি:-৪ ঈশ্বৰে আমাক ভালকৈ finishing নমৰাকৈ পঠিয়াই দিছে।এইবিলাক ভাবি চিন্তি একো লাভ নাই। আহ আহ কামত ধৰো আহ ।

সকলোৱে:- হয় হয় এইবিলাক ভাবি লাভ নাই। আমি সৰু মানুহ । ব'ল ব'ল কামত ধৰো।

(পট পৰে।)

দৃশ্য——2

(ৰঘুনাথ আৰু জানকীৰ একমাত্ৰ ছোৱালী আইমানুৱে স্কুল যোৱাৰ সময়তে চোতালত খেলি থাকে।নিৰ্দেশনাত আইমানুৰ চৰিত্ৰটোৰ বাবে পুতলা ব্যৱহাৰ কৰা হৈছে ।যাৰ শাৰীৰিক সঞ্চালন সহ মহিলা শিল্পীয়ে কৰিব। ৰঘুনাথ আৰু জানকীয়ে আইমানুক বিচাৰি আহে)

ৰঘুনাথ:- মই গোটেইখন বিচাৰি ঘূৰি ফুৰিছোঁ আৰু তই ইয়াত আছহি। সদায় সদায় স্কুল যোৱাৰ সময়ত কিহৰ ধেমালি অ' এইবোৰ ..চাওঁ চাওঁ ধৰো...উঃ বাপৰে মোক দৌৰাই দৌৰাই ভাগৰাই মাৰিবি নেকি অ' ...

আইমামু:- আজি স্কুল নাযাওঁ বুলি কৈছোঁ অ'...। অ' মা চোৱাচোন পিতায়ে কেনেকুৱা কৰি আছে।

জানকী(আহে):- আইমানু তই সদায় সদায় স্কুল নাযাওঁ বুলি ক'লে কেনেকৈ হ'ব। তই যে ভালপাৰ আলু ভাজি ...আজি মই স্কুললৈ টিফিনত নিবলৈ বনাই থৈছোঁ নহয়...ধৰ অ'এইজনী...

আইমানু:- মই আজি স্কুল নাযাওঁ বুলি কৈছোঁ নাযাওঁ। চোৱাচোন আজি বতৰটো ইমান বেয়া।

ৰঘুনাথ:- ইঃ বতৰ বেয়া। গোটেই আকাশ খন ফৰকাল হৈ আছে আৰু তাই কৈছে বতৰ বেয়া। ধৰা অ' জানকী তাইক

জানকী:- তই সদায় সদায় স্কুল যোৱাৰ সময়ত এনেকুৱা খন কিয় কৰি থাক...

ৰঘুনাথ:- স্কুল নগ'লে তই ডাঙৰ মানুহ কেনেকৈ হবি কচোন।

আইমানু:- তোতকৈয়ো ডাঙৰ নে পিতাই?

ৰঘুনাথ:- মোতকৈ ডাঙৰ মানে তই মাৰতকৈয়ো ডাঙৰ মানুহ হবি অ' আইমানু।

জানকী:- পিতাৰে যে বেলেগৰ ঘৰত কাম কৰিবলৈ যায় কিয়নো যায় অ' আইমানু

আইমানু:- আমি খাবলৈ, আমি পিন্ধিবলৈ আৰু মই ডাঙৰ হৈ তোমালোকক ভালকৈ চাবলৈ

ৰঘুনাথ:- আমাক চাব নালাগে অ' আই...তই লিখি পঢ়ি ডাঙৰ মানুহ হৈ এই সমাজ খনক চাবি.. এই সমাজৰ ভাল বেয়াবোৰ তই বিচাৰ কৰিব জানিব লাগিব।

(আইমানুৰ লগত খেলি খেলি কথা বতৰা হৈ থাকোতেই আইমানু চোতালত পিছল খাই পৰে। সহ মহিলা শিল্পী গৰাকীয়ে পুতলাটো থৈ প্ৰস্থান কৰিব।)

জানকী:- ক'ৰবাত দুখ পালি নেকি? চাওঁ চাওঁ..তোক কোৱা নাছিলোঁ চোতালখন পিছল হৈ আছে বুলি ...

ৰঘুনাথ:- (মৰমেৰে)দিনক দিনক দুষ্ট হৈ গৈছে...এইজনী আমাৰ আইমানু দেই...

(নিৰ্দেশনাত সমবেত সহ শিল্পীসকলক লৈ মঞ্চত ৰূপাংক বনোৱা হয়। সকলোৰে হাতত ৰঙীন হাত মোজা আৰু স্কুললৈ আইমানুৰে নিয়া বেগ, কিতাপ, ফলি, ফ্লাক্স, টিফিন। তেওঁলোকৰ মুখত অ, আ, ক, খ, অসমীয়া আৰু ইংৰাজী পদ্যৰ এটা এটা শাৰী সংলাপ আকাৰে প্ৰকাশ। তেওঁলোকৰ হাতৰ পৰা এপদ দুপদকৈ জানকী আৰু ৰঘুনাথৰ বস্তুবোৰ আনি আইমানুক স্কুললৈ নিবলৈ প্ৰস্তুত কৰে।)

ৰঘুনাথ:- এইটো আইমানুৰ ধুনু ধুনু বেগ। ইয়াত এইখন কিতাপ ভৰাই দিছোঁ

জানকী:- এইটো টিফিনত আলু ভাজি দিছোঁ দেই

ৰঘুনাথ:- এইখন ফলিত ক, খ লিখিবা...ফ্লাক্স ত পানী আছে পিয়াহ লাগিলে খাবা দেই...জানকী কিবা এটা কোৱা আকৌ

জানকী:- আমাৰ আইমানুয়ে কাক বেছি ভাল পায়

ৰঘুনাথ:- মোক

জানকী:- আমাৰ দুইটাকে ভাল পাই

ৰঘুনাথ:- ব'লা ব'লা এতিয়া আমাৰ আইমানু স্কুল যাব। ধুনু ধুনু কৈ পঢ়িব। স্কুলত একদম দুষ্ট নকৰিবা দেই। ছাৰ বাইদেউৰে যি পঢ়াই একদম মন দি পঢ়িবা। ব'লা ব'লা...

(নিৰ্দেশনাত সমবেত সহ শিল্পীয়ে নাও সদৃশ ৰূপাংক সাজে। নৈ পাৰ হোৱাৰ সময়।)

ৰঘুনাথ:- এইয়া আমি পাই গ'লো। ব'লা ব'লা ।

(নিৰ্দেশনাত ৰঘুনাথে আইমানুক নাৱত উঠাই দিয়ে। নাওখন দূৰলৈ গৈ থাকে। ৰঘুনাথ আৰু জানকীয়ে চাই থাকে। তেনেতে গুৰুমকৈ এটা শব্দ হয়। ধাৰাসাৰ বৰষুণ আহে।ৰঘুনাথ আৰু জানকীয়ে শঙ্কিত হৈ প্ৰস্থান কৰে। বৰষুণ বাঢ়ে... ধুমুহা আহে। বিজুলী ধেৰেকনি...নাওখনে দিশ হেৰুৱাই । টুলুং ভুটুং কৰে। যাত্ৰী সকলে নিজক বচাবলৈ আপ্ৰাণ চেষ্টা কৰে। আইমানুৱে ভয়ত চিঞৰে। আইমানুক বছাবলৈয়ো বহুতে চেষ্টা কৰে। এটা সময়ত আইমানু পানীত ডুব যাব। গাঁৱৰ মানুহবোৰ এজন এজন কৈ আহি নৈৰ পাৰত গোট খাব। গাঁৱৰ প্ৰত্যেকৰে মৰমৰ হেৰুওৱা আইমানুক নৈত বিচাৰি মানুহবোৰ তৎপৰ হয়।

ব্যক্তি ১:- ঐ দাইটি,এন্ধাৰ হৈ আহিছে । বিচাৰিব পৰা নাযাব।

ব্যক্তি২:- এই পুলিচ মখাই ইয়াত ই কৰি আছে।

ব্যক্তি ৩:- দাইটি অ' আৰু বেছি মাজলৈ যাব নোৱাৰি...সোঁত বেছি।

মহিলা:- বিচাৰ বিচাৰ। ভালকৈ বিচাৰ হত

সকলোৱে:- বিচাৰিব লাগিব। ঐ আজি নাপালে কাইলৈ গাঁৱৰ সিটো মূৰলৈ যাব লাগিব। (গাঁৱৰ মানুহখিনিৰ মাজত আলোচনা। ফুচফুচনি....আইমানুক বিচাৰি নাপায় দুখ আৰু হতাশাত ম্ৰিয়মান হয়। ৰঘুনাথ আহে...গাঁৱৰ প্ৰত্যেক জন মানুহে সান্তনা দি যায়..।

সংগীত- ৰঘুনাথে বিলাপ জোৰে....আৰু নৈ কাষত দুখত ভাগি পৰে।)

ৰঘুনাথ:- তোৰ বাপেৰ আহিছে অ' আইমানু...আহ । মাৰে বাপেৰে একেলগে ভাত খাবলৈ বৈ আছোঁ অ' আইমানু... আহচোন।

(জানকী আহে হাতত চাকি লৈ)

জানকী:- আপুনি গোটেই ৰাতিটো ইয়াত এনেকৈয়ে থাকিব নেকি? ঘৰলৈ যাওঁ ব'লক।

ৰঘুনাথ:- নাযাওঁ মই। গোটেই ৰাতিটো ইয়াত এনেকৈয়ে থাকিম। মই আইমানুক লগত লৈহে যাম জানকী।

জানকী:- আপুনি যদি এনেকৈয়ে থাকে মই ক'ৰবালৈ গুচি যামগৈ...

ৰঘুনাথ:- যা... এতিয়াই মোৰ ওচৰৰ পৰা আঁতৰৰ হ। মই তাইক এৰি থৈ নাযাওঁ। গাঁৱৰ মানুহবোৰে মিছা কৈছে অ' জানকী। তাই ইয়াতে আছে...এইখিনিত সোঁত বেছি....ইয়াৰ পৰা তাই সোঁতে সোঁতে গৈ সেইখিনিত ওলাইছে...আইমানু অ'...(ৰঘুনাথে কান্দি কান্দি তাইক বিচাৰিব ধৰে।)

জানকী:- আপুনি কিয় এনেকুৱাখন কৰিছে...

ৰঘুনাথ:- তাই আছে অ' জানকী...তাইক মই লগত লৈ যাম অ' জানকী...

(পট পৰে)

দৃশ্য....৩

ৰঘুনাথ ঘৰৰ চোতালত থিয় হৈ আছে। আইমানুৰ স্মৃতিবোৰ তাৰ মগজুলৈ বাৰে বাৰে আহে...তাইৰ স্কুল বেগটো, টিফিন, কিতাপ, ফলি...এইবোৰ সমবেত শিল্পীৰ সহায়ত নিৰ্দেশনাত শংকৰদেৱৰ 'উদ্ধৱ চলহো'বৰগীত সংগীতত

ব্যৱহাৰ কৰি অংকীয়া ভাওনাৰ নৃত্যৰে দেখুওৱা হৈছে। ৰঘুনাথক এটা এটাকৈ আইমানুৰ বস্তু কেইপদ দি যায়। সমবেত শিল্পী সকলৰ প্ৰস্থানৰ পাছত ৰঘুনাথ উন্মাদ হৈ নাচে আৰু জানকীৰ প্ৰৱেশ হয় ক্ষোভ আৰু দুখত চিঞৰে...(নিৰ্দেশনা)

পট পৰে।

দৃশ্য......৪

নিৰ্দেশনাত জানকীয়ে বাৰম্বাৰ চেষ্টা কৰে সিহঁতৰ সংসাৰ খন পুনৰ যাতে সহজ হৈ পৰে...।ৰঘুনাথৰ মগজুৰ পৰা সেই ঘটনাটো পাহৰাটো সহজ নহয়। জানকীয়ে আকৌ চেষ্টা কৰে, .ৰঘুনাথ মান্তি নহয়...এটা সময়ত দুয়োয়ে শাৰীৰিক সম্পৰ্কৰ বাবে আগ্ৰহী হয়...। নিৰ্দেশনা.....)

ৰঘুনাথ:- চোলাটো আন

জানকী:- -----

ৰঘুনাথ:- পানী এগিলাচ আন

জানকী:- ------

ৰঘুনাথ:- ছাতিটো আন....

জানকী:-------

ৰঘুনাথ:- ব'ল

জানকী:-(আচৰিত হৈ..) ক'লৈ

ৰঘুনাথ:- (মিচিকিয়া হাঁহি এটা মাৰি)..ব'লচোন

(নিৰ্দেশনা....মথাউৰীৰ ফালে খৰখেদাকৈ যায়)

(নিৰ্দেশনা...শান্ত সমাহিত নৈৰ ঢৌ...সমবেত শিল্পী সকলে শাৰীৰিক সঞ্চালনাৰে বোৱতী নৈখন, পানীৰ ঢৌ দেখাব। সেই ঢৌৰে ঢৌৰে যেন আইমানুৱে ৰঘুনাথৰ ফালে চাই চাই মিচিকিয়া হাঁহি এটাৰে সম্ভাষণ জনাই যায়।)

ৰঘুনাথ:- ইয়াত দলং হ'ব জানকী...ইয়াত মন্দিৰো হ'ব। মন্দিৰটো হ'লেই গাঁৱৰ প্ৰত্যেকজন মানুহ চহকী হ'ব । স্কুল খন হ'লেই মোৰ আইমানুৰ নিচিনাকৈ কোনো ল'ৰা ছোৱালীয়ে একাঠু পানীত নামি নৈ পাৰ হৈ স্কুল যাব নালাগিব। এই নৈ খনে মোৰ পৰা সকলোবোৰ কাঢ়ি নিলে জানকী এই নৈ খনক মই গো গ্ৰাসে গিলি পেলাম ....ইয়াত দলঙো হ'ব... স্কুলো হ'ব..। (নিৰ্দেশনা)

পট পৰে

দৃশ্য ৫

(সংগীত.....নিৰ্দেশনা....)

সমবেত শিল্পী সকলে ঈশ্বৰৰ এটা মূৰ্তি এটা উদ্ধাৰ কৰি পূজা অৰ্চনাত ব্যস্ত হয়...।

দৃশ্য ৬

(নিৰ্দেশনা।)

গাঁৱৰ মানুহবোৰ এজন এজনকৈ আহি গোট খাই...

ব্যক্তি ১:- অ' দাইটি ...দাইটি ঐ

ব্যক্তি ২:- কোন অ' সেইটো...কোন...কি হ'ল অ'

ব্যক্তি ৩:- ডাঙৰ কথা হ'ল অ' দাইটি ডাঙৰ কথা

ব্যক্তি ৪:- অ' ৰাইজ ওলাই আহক। ওলাই আহক

মহিলা:- ক'লৈ যাম অ' ...... ক'লৈ যাম

ব্যক্তি৫:- ৰঘুনাথৰ পাছফালৰ পুখুৰীটোৰ ওচৰলৈ আহ

ব্যক্তি১:- ৰঘুনাথৰ ঘৰৰ পাছফালৰ পুখুৰীত হেনো সাত হাজাৰ বছৰ পুৰণি মূৰ্তি এটা উদ্ধাৰ হৈছে।

ব্যক্তি২:-হয় দাইটি কথাটো আমিও শুনি লৰি ঢাপৰি আহিছোঁ।

ব্যক্তি:৩ সি থানত বহি ছিলিম টানিহে থকা দেখি থাকোঁ। সেয়ে কিজানি তাকেহে দেখা দিলে বাবা ভক্ত.....

মহিলা:- তাৰ কপাল ফুলিল

ব্যক্তি৪:- নামঘৰ, মন্দিৰ গাঁৱৰ সবাহত ভগৱানৰ প্ৰতি তাৰ আস্থা ভক্তি দেখি ভগবান প্ৰসন্ন হল বুইছ দাইটি

ব্যক্তি ৫: শুনিছোঁ কাইলৈ টিভি ৰ মানুহ আহিব বোলে...

সকলোৱে; হেই সচাকৈ নেকি???

মানুহবোৰৰ ফুচফুচনি বাঢ়ে... কিবা আলোচনা কৰে..

নিৰ্দেশনা...সংগীত বাজে

পট পৰে

দৃশ্য - ৭

গাঁৱত সাত হাজাৰ বছৰৰ পুৰণি শিৱৰ মূৰ্তি এটা উদ্ধাৰ হৈছে বুলি সকলোতে প্ৰচাৰ আৰম্ভ হ'ল। সপোনত দেখি উদ্ধাৰ হোৱা ভগৱানৰ মূৰ্তি চাবলৈ মানুহৰ ভিৰ লাগিল। খবৰৰ মানুহে ডাঙৰ ডাঙৰ চেনেলবোৰত লাইভ আহিল ....নিৰ্দেশনা এটা ক'লা কোট মেটফৰেলি media বুজাবলৈ ব্যৱহাৰ কৰিব ..সংগীত বাজে।

সাংবাদিক ১:- নমস্কাৰ গ্ৰহণ কৰিব । আমি উপস্থিত আছোঁ ৰঘুনাথৰ ঘৰত। ৰঘুনাথৰ ঘৰৰ পৰা অসমবাসী ৰাইজক গোটেই ঘটনাটো লাইভ দেখাবলৈ চেষ্টা কৰিম।আজিৰ পৰা দুমাহৰ আগতে ৰঘুনাথৰ একমাত্ৰ জীয়ৰীক বলিয়া বানে উটুৱাই লৈ গৈছিল।

সাংবাদিক ২:- ঈশ্বৰ , সাম্প্ৰতিক সময়ত ঈশ্বৰৰ গুৰুত্ব আছে নে ? ৰঘুনাথে সকলো ক'ব। হাজাৰ হাজাৰ মানুহৰ ভিৰ লাগিছে ...ৰঘূনাথ যি এই কলিকালত ঈশ্বৰক দেখিছে।

সাংবাদিক ৩: ৰঘুনাথ এনে এজন ব্যক্তি যি আজি বাৰ বছৰে গাঁৱৰ উৱলি যোৱা খেৰৰ ভঙা বেৰৰ মন্দিৰটো চোৱা চিতা কৰি আছে। ৰঘুনাথ গাঁৱৰ এক মাত্ৰ ব্যক্তি যি নিজৰ একমাত্ৰ ছোৱালীজনীক স্কুলত নাম লগাই

দিছে। গাঁৱৰ কোনো এজন ব্যক্তিয়ে আজিলৈকে নিজৰ ছোৱালীজনীক স্কুলত নাম লগাই দিবলৈ সাহস কৰিব পৰা নাই কিয়নো স্কুলখন নৈখনৰ সিপাৰে। ৰঘুনাথ এনে এজন ব্যক্তি যি গাঁৱৰ প্ৰত্যেকটো কামতে বিনা স্বাৰ্থত সহায় কৰি আহিছে। আজি ৰঘুনাথে ক'ব সকলো কথা...

(নিৰ্দেশনা...ঘটনাস্থলীত উপস্থিত থকা মানুহে কান পাতি সকলোবোৰ কথা শুনিবলৈ চেষ্টা কৰিলে...)

ৰঘুনাথ আৰু জানকীৰ প্ৰৱেশ/নিৰ্দেশনা

ৰঘুনাথ: নমস্কাৰ, মই ৰঘুনাথ আৰু এয়া মোৰ পত্নী জানকী। কেইদিনমানৰ পৰা মোৰ ঘৰত একেবাৰে মন বহা নাছিল। ঘৰত আহি ভাত কেইটামান খাই থানতে শুই থাকো। দিনক দিনে গাটো বেয়া হৈ আহিছিল। কালি অলপ বেছিয়ে বেয়া। ঘৰত গৈ ভাত কেইটা খাবলৈও শক্তি নাছিল। ছোৱালীজনীক হেৰুওৱা আজি মাত্ৰ দুটা মাহ হৈছে। এতিয়া মোৰো যদি হঠাতে কিবা এটা হয় মোৰ মানুহজনীৰ কি গতি হ'ব। বাবাক ঢেৰ গালি পাৰিলো। কান্দিলো। ইমান কষ্ট মোৰ কোনো শত্ৰুৰেও নাপাওঁক। এই বুলি বাবাৰ সন্মুখতে থকা শিল এটাত মূৰটো খুন্দিয়াই খুন্দিয়াই বাগৰি পৰিলো। তেনেতে গাটো কিবা গৰম হৈ অহাৰ দৰে লাগিছিল। হাত ভৰি কপিছিল। সিৰ সিৰাই যোৱা বতাহ এজাকে কোৱাইছিল। চকুৰে ধূৱলী কুৱলী দেখিছিলো । টং...... টং...... টং...... আৰু বগাকৈ পোহৰ অলপ উজ্জল হৈ আহিছিল। ক'ত জোৰ পালো নাজানো হঠাৎ উঠি দৌৰিব খোজোতেই কিহবাই হেচা মাৰি ধৰাদি ধৰিলে মই ঢাচ খাই পৰিলো। দেখিলো সন্মুখত বাবা আৰু মই তেওঁৰ শ্ৰীচৰণত । মই বৰ ভয় খালো কিবা এটা ক'ব লওতেই বাবাই দুইচৰ লগাই দিলে আৰু ক'লে অকল মোৰ জীৱনতে কষ্ট নাই .... পৃথিবীৰ প্ৰত্যেকজন মানুহেই সমস্যাৰে জৰ্জৰিত। প্ৰত্যেকজন মানুহেই কঢ়িয়াই লৈ ফুৰিছে একোটা দুখৰ টোপোলা তইনো কোন কুটা... ইশ্বৰ মোৰ শুশ্ৰূষা, আস্থা, ভক্তিত প্ৰসন্ন হৈছে। মই ভেৰা লাগি চাই আছো। তাৰ পাছত পিঠিত ঢকা এটা মাৰি ক'লে তোৰ পুখুৰীত মাছ আছে নে নাই অ'? মই বোলো গোটৰ পৰা টকা সাত হাজাৰ ধাৰলে আনি পুখুৰীত মাছ দিছিলো কিন্তু পানী আহাৰ আগেয়ে সকলো চোৰে নিলে।

বাবাই হাঁহিলে আৰু মোৰ চুলিকেইডাল লিৰিকি বিদাৰি ক'লে তোৰ পুখুৰীত মাছতকৈও কোটি গুণ মূল্যৰ সম্পদ এটা আছে। মই আচৰিত হ'লো। ক'লে তোৰ পুখুৰীত সাত হাজাৰ বছৰ পুৰণি মোৰ এটা মুৰ্ত্তি আছে। পুখুৰীটো খান্দি উদ্ধাৰ কৰ আৰু তোৰ চোতালত মন্দিৰ এভাগ পাতি স্থাপন কৰ। তাৰ পাছত দেখিবি তোৰ ঘৰখনৰ লগতে গাঁৱৰ সকলোৰে অপায় অমংগল দূৰ হৈছে। এই খবৰটো গাৱৰ মানুহক জনাই দে যা । এইবুলি কৈয়ে বাবা অন্তৰ্দ্ধান হ'ল। মোৰ হাঁহিমেই নে কান্দিমেই এনেকুৱা লাগিলে। মন্দিৰৰ ঘণ্টাটো দহবাৰ মান বজাই লৰি আহি ঘৰ পলো। আৰু মুচকচ গ'লো তাৰ পাছৰখিনি মোৰ মানুহজনীয়েহে জানে...............

(নিৰ্দেশনা)

জানকীঃ তাৰ পাছতে মই মানুহজনৰ কি হৈছে বুলি চিঞৰি চিঞৰি কান্দিলোঁ। ঘৰত হুলস্থুল শুনি ওচৰৰ দাইটি আহিল। তেওঁ পানী অলপ ছটিয়াই দিলে তাৰ পাছত তেওঁ উঠিল চাহ একাপ বনাব দিলে। তেতিয়ালৈ বেলিটোৱে পূৱত ভুমুকি মাৰিছিল গোটেই ঘটনাটো ক'লে আৰু আজি এয়া।

(নিৰ্দেশনাঃ উচ্চ স্বৰৰ সংগীত)

পট পৰে....

দৃশ্যঃ - ৮

(গাৱঁত সংঘটিত হোৱা ঘটনাটো এচামে মানি ল'ব পৰা নাছিল। ইয়াকে লৈ এটা অদৃশ্য শক্তিয়ে ইইঁতক ফুচুলাই ঘটনাটোক নতুন এটা ৰূপ দিবলৈ চেষ্টা চলাই ষড়যন্ত্ৰত নামিছিল। নিৰ্দেশনাঃ)

ব্যক্তি ১ :- ই চালা কুত্তাই ইশ্বৰ দেখিছে কাণতলীয়া চৰ দিব লাগে।

ব্যক্তি ২ :- কোন ইশ্বৰ অ'? কাৰ ইশ্বৰ?

ব্যক্তি ৩ :- ইশ্বৰ এজনেই আমিহে ভাগ ভাগ কৰিছোঁ।

ব্যক্তি ৪ :- ইয়াত কেতিয়াও মন্দিৰ স্থাপন কৰিবলৈ দিয়া নহ'ব।

ব্যক্তি ১ :- ৰঘুনাথক পতাব পাৰিলেই হ'ল।

ব্যক্তি ২ :- কথা নুশুনিলে তাৰ পিঠি বহলাম।

ব্যক্তি ৩ :- তাৰ লগত গোটেই ৰাইজ আছে।

ব্যক্তি ৪ :- বাদ দে । মূৰ্ত্তি নাপাত্তা কৰি দিম।

ব্যক্তি ১ :- সি মিছা মাতিছে, ভূল বকিছে বুলি ফচাবলৈ কিমান সময় লাগে অ'?...........

(সকলোৱে হাঁহে................. নিৰ্দেশনা/সংগীত)

পট পৰে

দৃশ্যঃ - ৯

(নিৰ্দেশনা, ৰঘুনাথৰ ঘৰ। ৰঘুনাথ আৰু জানকী শুই থাকে । ঘৰ বুজাবলৈ নতুন মঞ্চসজ্জা। দুটা কালপ্ৰীত আহে সংগীত বাজে।)

কালপ্ৰীত ১ :- ঐ ৰঘুনাথ শুলি নেকি দুৱাৰখন খোলচোন।

কালপ্ৰীত ২ :- ঐ খুলিছনে নাই ?

জানকী : - (সাৰ পাই)......... কোন নো?

কালপ্ৰীত ১ :- আমি মালিকৰ মানুহ। .... দুৱাৰখন সোনকালে খোল।

জানকী :- এখেত শুলে। দিনটো কাম কৰি আহিছে। ভাগৰ লাগিছে। আপোনালোক পুৱা আহিব।

কালপ্ৰীত ২ :- পুৱালৈ দেৰি হ'ব। অলপ দৰকাৰী কথা আছে। আমি মালিকৰ মানুহ বুলি ক'লে সি বুজিব।

কালপ্ৰীত ১ :- জগাই দে তাক, ঐ ৰঘুনাথ.........!

জানকী :- শুনিছে......... কোনোবা মালিকৰ মানুহ আহিছে। আপোনাক বিছাৰিছে। উঠকচোন।

ৰঘুনাথ :- এই ৰাতিখন কোন মালিকৰ মানুহ আহিল অ'?

কালপ্ৰীত ২ :- ঐ দুৱাৰ খোল।

জানকী :- মোৰ বৰ ভয় লাগিছে।

ৰঘুনাথ :- ভয় নকৰিবি। চাকিটো জ্বলা আৰু দা-খন লগত ৰাখ। কোন নো? (নির্দেশনা) আহক সোমাই আহক, বহিব।

কালপ্ৰীত ১ :- আমি ইয়াত বহিবলৈ অহা নাই। (নির্দেশনা) ৰাইজে দেখিলে ৰাতিখন বেলেগ ভাৱিব।

ৰঘুনাথ :- কিয় আহিলনো?

কালপ্ৰীত ২ :- ছাৰে মুর্তিটো লগত লৈ যাব দিছে। তোক যি লাগে তাকে দিব।

কালপ্ৰীত ১ :- ৰাইজক মুর্তিটো হঠাতে ঘৰৰ পৰা নাইকিয়া হ'ল বুলি কবি।

ৰঘুনাথ :- ইমান গোকাট ফাকি এটা মই দিব নোৱাৰো দেই।

কালপ্ৰীত ২ :- দিবই লাগিব। মালিকৰ খং উঠিলে একোটো নাপাবিয়ে তোকো মোহাৰি মাৰিব।

কালপ্ৰীত ১ :- তোৰ ঘৈনিয়েৰলৈ মৰম নাই নেকি অ'?

ৰঘুনাথ :- চোৰৰৰ বাচ্ছা তাইৰ গাত হাত নিদিবি।

কালপ্ৰীত ২ :- মুৰ্ত্তিটো দে । এই মুৰ্ত্তিৰ স্থান ইয়াত নহয়।

কালপ্ৰীত ১ :- ইয়াত স্কুল হ'ব।........ দলং হ'ব......... আমি ঘোঁৰাৰ ঘাঁহ কাটিবলৈ আছো।

কালপ্ৰীত ২ :- তহঁত অশিক্ষিত অলগদ্ধবোৰক কেৱল আঙুলিৰ চাপটোৰ বাবে জীয়াই থাকিব দিয়া হৈছে। (নির্দেশনা..........জানকীৰ গাত হাত দিয়ে চাদৰখন টানি নিব খোজে।)

ৰঘুনাথ :- মই চণ্ডালৰ ৰূপ নলওঁতেই তহঁতকেইটা ইয়াৰপৰা গলিনে? মোৰ দা-খন দে জানকী.............. এই চোৰৰৰ বাচ্ছাহতে মোৰ মানুহজনীৰ গাত হাত দিছে। (নির্দেশনা....) (দুয়োটা কালপ্ৰীত পলাই............. ৰঘুনাথে জানকীৰ চাদৰখন আনি তাইৰ গাত দিয়ে।.........কান্দে)...... মোক ক্ষমা কৰি দিবি অ' জানকী মই মতা মানুহটো থাকোতেই................

জানকী :- মতা মানুহে নাকান্দে আপুনি কিয় কান্দিছে মনে মনে থাকক। (নির্দেশনা – সংগীত)................

পট পৰে

দৃশ্যঃ - ১০

(নির্দেশনা........ ৰঘুনাথৰ ওপৰত হোৱা মানসিক অত্যাচাৰ আৰু জানকীৰ গাত হাত দিয়া কথাটো অনুন্নত গাওখনত সাধাৰণ কথা নহয়। গাৱৰ মানুহৰ মাজত খবৰটো বিয়পি পৰাৰ লগে লগে দোষীৰ উচিত শাস্তিৰ দাবী কৰি প্ৰতিবাদী কাৰ্যসূচী আৰম্ভ হয়। উচ্চস্বৰৰ সংগীত....)

: মালিক আহে মালিক যায়

সমস্বৰে : হায় হায়; হায় হায়;

: আহ ঐ আহ ওলাই আহ

: দোষীয়ে শাস্তি পাবই লাগিব...

সমস্বৰে: পাবই লাগিব, পাবই লাগিব

: We Want Justice

সমস্বৰে: Justice, Justice

: ৰঘুনাথৰ পত্নীৰ গাত হাত দিছে

: হায় হায়; হায় হায় .... (নিৰ্দেশনা)

গোটেই দৃশ্যটো শাৰিৰীক সঞ্চালনাৰে কৰি Design কৰি দেখুওৱা হয়।

পট পৰে....

দৃশ্যঃ - ১১

(নিৰ্দেশনা, ৰঘুনাথৰ ঘৰ। জানকী আৰু ৰঘুনাথ নিজৰ নিজৰ কামত ব্যস্ত থাকে। সিহতৰ কথা বতৰাবোৰ তৰ্কযুদ্ধলৈ ৰূপান্তৰ হয়।) (সংগীত মৃদু)

জানকী: আজিলৈকে আপোনাক মই একো এটা বিচৰা নাছিলো।

ৰঘুনাথ: তই মনে মনে থাকিলিনে?

জানকী: কিয় মনে মনে থাকিম? আপুনি আহ বুলি কওঁতেই মই ঘৰৰ অমতত মনে মনে গুছি আহিলো একো কোৱা নাছিলো।

ৰঘুনাথ: এইবোৰ পুৰণি কথা।

জানকী: কিন্তু মোৰ বাবে সদায় নতুন। ঘৰত বৰষুণ পৰে। দুপৰ ৰাতিলৈকে কঠা চপাই কুচিমুচি বহি থাকো। একো কোৱা নাছিলো।

ৰঘুনাথ: তই ভালে ভালে মনে থাক।

জানকী: দুদিন চাৰিসাজ শামুক সেলেকু সিজাই খাই ৰাতি চকুপানী টুকি থাকো। একোৱেই কোৱা নাছিলো। কিন্তু আজি ক'ম ৰঘুনাথ... আজি ক'ম (নিৰ্দেশনা)

ৰঘুনাথ: তই মোক নাম কাঢ়ি মাতিব পৰা হ'লি। তই মোক নাম কাঢ়ি মাতিবলৈ সাহস ক'ত পালি? ইস তাই মোক নাম কাঢ়ি মাতিব পৰা হ'ল। (নিৰ্দেশনা, জানকীক ৰঘুনাথ শাৰীৰিক অত্যাচাৰ কৰে)

জানকী: মাৰ, মাৰি পেলা মোক।

(জানকীয়ে কান্দে । ৰঘুনাথ থমকি ৰয়। অনুশোচনাত কিবা ভাৰি ৰয়। তাইক কাষলৈ চপাই আনিব বিচাৰে (নিৰ্দেশনা)

জানকী: মোৰ বৰ ভয় হৈছে।

ৰঘুনাথ: মোৰ একো নহয় অ' জানকী।

জানকী: আপুনি কৈ দিয়কচোন। এই সকলোবোৰ মিছা। আপুনি একো সপোন দেখা নাই।

ৰঘুনাথ: মিছা কথা এটা কৈ আপুনি আজীৱন শান্তি পায় থাকিব।

ৰঘুনাথ: মিছা কথাৰে ৰাজনীতি হয়। মিছা কথা কৈয়ে চোৰ ৰজা হয়। মিছা কথাত দেশ চলে । সপোন দেখিছো জানকী। মথাউৰিৰ টকা সোপা নোখোৱা হ'লে মথাউৰিটো গজগজীয়া হ'লহেতেন। দলংখন থকা হ'লে একাঠু

পানীত নামি নতুবা নৈ পাৰ হৈ আইমানু স্কুল যাব নালাগিলহেতেন। মই সচা সপোনেই দেখিছো জানকী। মই সঁচা সপোনেই দেখিছো।

জানকী: সপোন সপোনেই। সপোন পলকতে ভাঙে, পলকতে হেৰায়। আমি সৰু মানুহ। বগলীৰ ডিঙিৰে জুমি চালেও সপোনৰ পখিলাই আমাৰ চকুত ধৰা নিদিয়ে। আমাৰ সপোন কাইটীয়া আমাৰ সপোন কুমজেলেকুৱা। (কান্দে.. নির্দেশনা)

ৰঘুনাথ: ব'ল জানকী... সকলোকে এতিয়াই কৈ দিও। মই একো সপোন দেখা নাই। মোক পাপে চুব। ঈশ্বৰৰ নামত মই কি কৰিছো চাচোন। মই অধৰ্মী মই পাপী। মোক ঈশ্বৰে ক্ষমা নকৰে। মই ৰাইজক ফাঁকি দি কেনেকৈ জীয়াই থাকিম। মোক সকলোৱে হাঁহিব। (জানকী ৰঘুনাথৰ বুকুৰ মাজত সোমাই শুই পৰে)

(নির্দেশনা... ৰঘুনাথ মায়াৰ আৱৰণৰ মাজত সোমাই পৰে। মুখ চোৱা আইনা এখনত নিজৰ মুখখন চাবলৈ ধৰে। চুলিবোৰত যেন জট লাগিছে। জোটবোৰ খুলিবলৈ আচুৰে আকৌ জট লাগে...

গাৱৰ মানুহবোৰে যেন তাক হাহিছে .....নির্দেশনা...

ব্যক্তি ১: ঐ ৰঘুনাথ তই ফাঁকিবাজ ঐ...

মহিলা: ঈশ্বৰৰ নাম লৈ তই মানুহক বুৰ্বক বনাইছিলি

ব্যক্তি ২: ৰৌ ৰৌ নৰকত পৰিবি তই ৰঘুনাথ

ব্যক্তি ৩: তই অচিন ৰোগত ভুগি মৰিবি ৰঘুনাথ

ব্যক্তি ৪: ইহঁতক গছত ওলোমাই লৈ লেংতা কৰি কোবাব লাগে।

ব্যক্তি ৫: ঈশ্বৰে তোক ইয়াৰ উচিত শাস্তি দিব... (উচ্চস্বৰত ক'ৱলৈ ধৰে। ৰঘুনাথে জটবোৰ বাৰে বাৰে খৰকৈ খুলিবলৈ চেষ্টা চলায়....)

ৰঘুনাথ: (আইনাত সকলোকে দেখা পায় .....) এই চুপ, চুপ (জানকী সাৰ পায় ....)

জানকী: হেৰি কি হ'ল? কিয় এনেকুৱাখন কৰিছে....

(নির্দেশনা... ৰঘুনাথে জানকীক কাষলৈ আনে। ভালকৈ তাইৰ মুখখন চায়। জীৱনৰ সমস্ত মায়া মোহ ত্যাগ কৰি সি আত্মহত্যাৰ সিদ্ধান্ত লয়। জানকীৰ কপালত হঠাৎ চুমা এটা দিয়ে আৰু খৰকৈ মথাউৰিৰ ফালে দৌৰিবলৈ আৰম্ভ কৰে।

পাছে পাছে জানকীও যায় ..... নির্দেশনা)

জানকী: জীৱনে মৰণে একেলগে থাকিম বুলি কৈছিলি ঐ কুকুৰ.... এতিয়া এয়া কি কৰিছ?

ৰঘুনাথ: (জপিয়াবলৈ ধৰি বৈ যায়) আহ কুকুৰণী দুইটা একেলেগে মৰো...

(দুইটা নৈত জাপ দিবলৈ লওতেই কাৰোবাৰ মাত দূৰৰ পৰা শুনে) (দুইটা বৈ যায়) নেপথ্যত

ব্যক্তি ১ :ঐ ৰঘুনাথ তোক বিচাৰি গোটেই সাত চলাথ কৰিলো... তই ইয়াত আহি আছহি...

ব্যক্তি ২: ভাল খবৰ আছে ঐ ৰঘুনাথ ভাল খবৰ

ব্যক্তি ৩: তহতৰ ঘৰত ডাঙৰ ডাঙৰ মানুহ আহি গোট খাইছেহি। ঘৰলৈ আহ ঐ সোনকালে ....

ব্যক্তি 8: ইয়াত কাৰ মূৰটো কৰি আছ ঐ ৰঘুনাথ.... আহ...

(এটা সুখৰ খবৰে ৰঘুনাথক আহ্লাদিত কৰে... তাৰ হাহিমেই নে কান্দিমেই লাগে... নির্দেশনা)

জানকীক সাবতি ধৰে....।

ৰঘুনাথ: ইয়াত দলং হ'ব ... ধুনীয়া ডাঙৰ মন্দিৰ হ'ব, স্কুলো হ'ব, দলং হ'লেই গাঁৱৰ সকলো ল'ৰা ছোৱালী নৈৰ পাৰ হৈ স্কুল যাব নালাগিব। গাঁৱৰ প্ৰত্যেকজনী ছোৱালীৰ মাজত মই মোৰ আইমানুক দেখা পাম । ল'ৰা ছোৱালীবোৰে পঢ়িব... শিক্ষা ল'ব ...বুজিছ জানকী পৃথিৱীত কোনো সৰু মানুহ নাই অ'

জানকী :- মানুহৰ মন বোৰহে সৰু....... দুখীয়া.......

ৰঘুনাথ :- মানুহৰ মনবোৰ কেতিয়া পৰিস্কাৰ হ'ব অ'?

জানকী :- গৰখীয়া গানবোৰ যেতিয়াৰ পৰা মানুহে গুণগুণাবলৈ শিকিব তেতিয়াৰ পৰা।.....................

ৰঘুনাথ :- বাঃ........ তই যোৱাটো জনমত কৰি আছিলি নেকি অ'?..........(দুয়োটাই হাঁহে................ নিৰ্দেশনা .... গাঁৱৰ এই সুখৰ বাতৰিবোৰ বিয়পি পৰে............... প্ৰত্যেকজন মানুহেই সকলো দুখ কষ্ট পৰিহাৰ কৰি আনন্দত মতলীয়া হৈ নাচিবলৈ ধৰে।.......... ৰঘুনাথক সমষ্টে প্ৰণিপাত জনাই........... সকলোৰে মুখবোৰ উজ্জ্বল দেখা পোৱা যায়। নিৰ্দেশনা।............সংগীত)

যৱনিকা

অভিনেতা,পৰিচালক, নাট্যকাৰ আৰু অভিনয় প্ৰশিক্ষক বিদ্যুৎ কুমাৰ নাথৰ জন্ম হৈছিল ১৯৮৭ চনৰ ৮ জুন তাৰিখত নগাওঁ জিলাৰ নৗে খাটৰ গাঁৱত। পিতৃৰ নাম স্বৰ্গীয় ডিম্বেশ্বৰ নাথ আৰু মাতৃ শ্ৰীমতী দিপালি দেৱী।

শিক্ষাগত অৰ্হতা :

- স্নাতক, অসমীয়া বিষয়ত অনাৰ্ছ।
- ৰাষ্ট্ৰীয় নাট্য বিদ্যালয়, ছিক্কিমৰ পৰা নাট আৰু অভিনয়ৰ প্ৰশিক্ষণ।
- নাট্যকাৰ হিচাপে প্ৰথমখন পূৰ্ণাংগ নাটক ৰঘুনাথ।
- ৰসৰাজ লক্ষ্মীনাথ বেজবৰুৱাদেৰৰ সাধুৰ আলমত ৰচিত শিশু নাট ঢোৰা কাউৰী আৰু তিপচী চৰাই।
- পৰিচালনা কৰা নাটক সমূহ: আই পদ্মাৱতী, কাৰেং বেপীৰ হাঁহি, আধা অঁকা ছবি, জোঙাল বলহু, ৰঘুনাথ,বাইছাইকেল, ঢোৰা কাউৰী আৰু তিপচী চৰাই,তেজীমলা, বুঢ়া আৰু শিয়াল, ৰজা ৰাণী।
- অভিনয় কৰা নাটকসমূহ : (পূৰ্ণাংগ)সেউজীয়া সাধু, ৰ'দালি এ ৰ'দ দে, সিপিঠিৰ কথা, চৰণ দাস চোৰ, শকুনিৰ প্ৰতিশোধ, ধনবৰ ৰতনী, গোন্ধ, দ্য পোষ্টমেন, বাঘ আৰু নিগনি, ডেম পেহাৰ দূৰবিন, পগলা ঘোঁৰা, হাৰমাল, ৰঘুনাথ, সতী সাধনী ইত্যাদি।
- একাংক : সংক্ৰান্তি, পেঘালী, কাৰেং বেপীৰ হাঁহি, কথা কুঁহিপাঠ, ইপাৰ সিপাৰ মহিমা অপাৰ, বেলিয়ে কোৱা সাধু, ভেকুৰাম, আধা অঁকা ছবি, বাখৰুৱা নৈ ৰ'দৰ ঘাট ইত্যাদি....
- সন্মান : ২০১৭ বৰ্ষত শ্ৰেষ্ঠ নবীন নাট্য কৰ্মীৰ কাজিৰঙা বঁটা।
- সদৌ অসম একাংক নাট প্ৰতিযোগিতাত ৫০ ৰো অধিক শ্ৰেষ্ঠ অভিনেতা আৰু অন্যান্য বঁটা ।
- ২০২৪ বৰ্ষৰ অসম নাট্য-সন্মিলনৰ শ্ৰেষ্ঠ পৰিচালক।
- ২০২৪ বৰ্ষত সৰ্বভাৰতীয় পৰ্যায়ত দিল্লীত অনুষ্ঠিত হোৱা মেটাৰ নাট প্ৰতিযোগিতাত শ্ৰেষ্ঠ পৰিচালক, শ্ৰেষ্ঠ অভিনেতা, শ্ৰেষ্ঠ নাট্যকাৰ আৰু শ্ৰেষ্ঠ মঞ্চ সজ্জাৰ বঁটা লাভ।
- কেইবাখনো অসমীয়া ধাৰাবাহিক , ৱেব চিৰিজ আৰু চিনেমাটো অভিনয় ।
- উইঙাৰ মিয়েৰ নাট মহোৎসৱ বৰেইলিত শ্ৰেষ্ঠ নাট্যকাৰৰ বঁটা ।

BIDYUT KR NATH

HIMANGSHU DEWRI

PARESH DAS

RUPAM SAIKIA

PAPUMONI BORAH

JINTU MONI DEKA

JUTRISHNA GOHAIN

JYOTSHNA SENAPOTI

GAUTAM SAIKIA

KHANJAN KISHOR NATH

JYOTIPRASAD BHUYAN

NETRAKAMAL BORA

স্থায়ী মঞ্চসজ্জা

নৰম দৃশ্যৰ বাবে অস্থায়ী মঞ্চসজ্জা

रघुनाथ

असमिया और हिन्दी

रचनाकाल-2022

फूल, नदी, सागर-महासागर, पेड़-पौधों, धूप-बारिश, रंग-बिरंगे जन्तु, कीट-पतंगों, बिजली का गरजना, पहाड़-पर्वत, दिन-रात, पक्षी, मिट्टी, आकाश, तारे, मनुष्य और मनुष्य का प्रेम, मनुष्य के पसंदीदा अच्छाइयों के प्रति उत्सर्गित..

भूमिका

रघुनाथ एक बेहद ही गहरी व्यक्तिगत कहानी है। ये विकास और प्रगति के लाइमलाइट से कोसों दूर प्रांतीय रूप से रहने वाले लोगों के मौन संघर्ष को प्रतिबिंबित करती है। असम में पला-बढ़ा हूँ, यहाँ बाढ़ की वजह से जो कहर बरसता है उसका और दुर्गम गाँवों के आधारभूत संरचना में रहने वाले अभावों का मैं गवाह हूँ। रघुनाथ की कहानी ऐसे ही एक यातना से जन्मी है, परन्तु यह आशा और प्रत्यावर्तन की बात भी करता है। रघुनाथ अभागे पिताओं के अपने दुःख और कष्टों को नजरअंदाज करते हुए अपने बच्चों के लिए सुख की लहर को खोजने की एक हताशापूर्वक प्रचेष्टा है। यह मानवीय मूल्यों का प्रतिफलन है कि हम अपने अभाव से पीड़ित, गरीब, परिश्रमी लोगों को सुरक्षा प्रदान करने के लिए और उनको बढ़ावा देने के लिए किस हद तक जा सकते हैं, परन्तु इसका एक और अर्थ सत्य को चतुराई के साथ घुमाकर प्रकाशित करना भी है। रघुनाथ ने एक दिव्य मूर्ति को खोज निकालने की बात कहकर कुछ धुरंधर लोगों से छल करने की परिकल्पना की है, यह कोई सरकारी योजना से लाभ उठाने के लिए नहीं यह किसी की सहायता के लिए बुलंद आवाज उठाना है, सालों से अवहेलित एक गाँव के प्रति लोगों का ध्यान आकर्षित करने का एक जरिया है। यह कहानी नैतिक दुविधाओं का अन्वेषण है। अगर छल जनहित में किया जाए तो क्या इसको सही ठहराया जा सकता है? व्यक्तिगत दुख और सार्वजनिक दायित्व के बीच तालमेल कैसे बिठाए? रघुनाथ के इस यात्रा के जरिए प्रांतीय सम्प्रदायों के मौन संघर्ष और न्याय,

सुरक्षा और प्रगति के खोज में मनुष्यों द्वारा किए गए कठिन चुनाव के बारे में हम बात आगे रखने की कोशिश कर रहे हैं। यह नाटक ग्रामीण भारत के उन अनकहे, अनसुने नायकों के प्रति उत्सर्गित है जो एक बेहतर भविष्य के लिए हर विपदा से जूझने का सामर्थ रखते हैं।

—विद्युत कुमार नाथ
नाट्यकार, निर्देशक, अभिनेता
नोनोईखाटर गाँव
नगाँव, असम–782101
दूरभाष : 8638194185

नाटक का सारांश

रघुनाथ गाँव के रहने वाले हैं, जो दिहाड़ी मजदूरी करके अपने तीन लोगों के परिवार की देखभाल करता है। रघुनाथ के गाँव में एक भी स्कूल नहीं है, कोई पुल नहीं है, रास्ते काफी ज्यादा दुर्गम हैं। किसी भी प्रकार की सरकारी योजनाओं से वंचित एक गाँव। गाँव की एकमात्र लड़की जिसका दाखिला रघुनाथ ने स्कूल में करवाया है। गाँव में स्कूल नहीं होने के कारण, पुल न होने के कारण नदी के उस पार बहुत दूर स्थित स्कूल में जाना पड़ता है। बारिश के मौसम में ही स्कूल जाते समय रघुनाथ ने अपनी बेटी को खो दिया। और यही दुखद स्मृति हर वक़्त रघुनाथ का पीछा करती रहती है।

एक दिन अपने सपने को वास्तविक रूप देने के लिए अपने घर में एक प्राचीन दिव्य मूर्ति के मिलने की अफवाह उसने फैलायी। यही अफवाह सरकार और संवाददाताओं को उसके गाँव की तरफ़ आकर्षित करेगी और अंत में गाँव में सड़क, बांध, पुल, स्कूल और एक भव्य मंदिर की स्थापना कराएगी ऐसा उसका मानना था। रघुनाथ ने जो खोया था वह सच था लेकिन उसकी चाह झूठी थी।

रघुनाथ

—विद्युत कुमार नाथ

परिकल्पना, नाट्यकार, निर्देशक

चरित्र	**अभिनेता**
रघुनाथ —	विद्युत कुमार नाथ
जानकी —	युतृष्णा गोहाई

समवेत कलाकार

बुढ़ा, काल प्रगट और महिलाओं के चरित्र में —	परेश दास, हिमांशु देउरी, जिण्टुमणि देका, पापुमणि बोरा, रूपम शईकिया, ज्योत्सना सेनापति
दल के नियंत्रक —	वसन्त गोहाई, ज्योति प्रसाद भुइयाँ
संगीत —	नेत्रकमल बोरा
प्रकाश —	गौतम शईकिया
मंच सज्जा —	विद्युत कुमार नाथ, यतीन दास
कोरियोग्राफी —	विद्युत कुमार नाथ हिमांशु देउरी युतृष्णा गोहाई
साज-सज्जा और नाटक का सामान —	टीम रघुनाथ

प्रस्तावना दृश्य-1

(संगीत : महाप्रलय के शंखनाद जैसे गंभीर वाद्य की ध्वनि)

अंधकार में एक दीपक की लौ जलती दिखाई देती है। वह दीपक एक पिछड़े हुए गाँव के एक मेहनती आदमी के हाथ से दूसरे मेहनती आदमी के हाथों तक आगे बढ़ती जा रही है।
(संगीत : खोल की ध्वनि)

प्रलयकारी बाढ़ अर्थात विनाश की संभावना स्पष्ट है। प्रत्येक व्यक्ति भयभीत दिखाई देता है। अपने खेत-खलिहान, अपने प्यारे घर को फिर से खोने के डर ने सभी को चिंतित कर रखा था। हाथ में दीपक लेते हुए हर कोई एकजुट होकर सभी बांध की तरफ जा रहे थे।

(पर्दा गिरता है)

प्रस्तावना दृश्य - 2

जानकी के जीवन में भी तूफान मचा था। अचानक से एक डरावनी रात...। इस अंधेरे में दीप जलाकर वह ईश्वर पर आश बांधे बैठी थी।

(पर्दा गिरता है)

प्रस्तावना दृश्य - 3

बारिश तेज हो रही थी। हर एक आदमी हाथ में दिया और छतरी लेकर बांध के समीप पहुंचे। भयभीत गाँव वाले ईश्वर का स्मरण करते हुए—

व्यक्ति 1 : दयामय दयामय

व्यक्ति 2 : हे प्रभु हे प्रभु

व्यक्ति 3 : कृष्ण कृष्ण... कृष्ण कृष्ण

व्यक्ति 5 : हे हरि... हे हरि

व्यक्ति 5 : हरि हरि *(आने वाली विपदा से शंकित होकर सभी एक साथ ईश्वर को पुकारते हुए)*

फिर से बाढ़ में अस्तव्यस्त हुआ एक गाँव और दरिद्र लोगों के अभाव और दुरवस्था की एक छवि रघुनाथ के जहन में उमड़ने लगी।

(पर्दा गिरता है)

दृश्य-1

(खेती, नींव सब खोने के बाद भी मनोबल नहीं खोया था। फिर से जैसे नए सिरे से उजड़े हुए गाँव को बसा लेंगे। सभी एकजुट होकर काम पर लग गए। दूसरों की आश छोड़कर टूटे हुए बांध की मरम्मत में सभी गाँव वाले व्यस्त हो गए।)

सभी मिलकर : जोड़ लगाकर, हईसा

व्यक्ति 1 : दूसरों के भरोसे रहने से कुछ भी नहीं मिलेगा साथियों।

व्यक्ति 2 : करोड़ों रुपये खर्च करके घटिया बांध बनाया है।

व्यक्ति 3 : सब साले खून की उल्टियाँ करके मरेंगे।

महिला : *(केटली में पानी लाकर सबको पिलाते हुए)* ठीक कहा तूने। कीड़े पड़ेंगे सालों को, नरक में जाएंगे हरामखोर...।

व्यक्ति 4 : आज जिसके पास बल है उसका ही राज है।

व्यक्ति 5 : भाइयों पानी का बहाव रुकेगा, रुकेगा देख लेना।

व्यक्ति 6 : फिर भी माता कपिली का भरोसा नहीं।

महिला : ऐसे ही बारिश होती रही तो रातोंरात पूरा गाँव डूब जाएगा।

व्यक्ति 3 : अरे शुभ शुभ बोलो, ऐसी अशुभ बातें मुँह से मत निकालो।

व्यक्ति 2 : इस गाँव के प्रति कोई लगाव शेष नहीं बचा अब।

व्यक्ति 2 : भाई सही बोला तुमने। हर साल बाढ़ आकर चला जाता है। फिर से आता है, आकर चला जाता है। बांध टूटता है। कम यातनाएँ झेलनी पड़ती हैं क्या हमें? अब और सहा नहीं जाता...

व्यक्ति 5 : हम तो धोबी के कुत्ते जैसे हैं, न घर के न घाट के, लटक रहे हैं बस। कोई हमें नहीं पूछता, कोई हम पर दया नहीं दिखाता। भगवान भी नहीं। फूटी किस्मत है हमारी।

महिला : घर-घर में मुफ्त का चावल मिल जाता है वही बहुत है, वरना सोचो हमारी हालत क्या होती...

व्यक्ति 1 : क्षमता का दुरुपयोग सभी करते हैं।

व्यक्ति 3 : शासकों को दोष देकर कोई फायदा नहीं है।

व्यक्ति 4 : भगवान ने हमें बिना परिश्रम किए बिना ही भेज दिया। यह सब सोचकर कोई फायदा नहीं है। चलो चलो काम पर लगते हैं।

सभी एक साथ : हाँ हाँ। यह सब सोचकर कोई फायदा नहीं है। हम छोटे लोग हैं। चलो सभी काम पर लगते हैं।

(पर्दा गिरता है)

दृश्य-2

(रघुनाथ और जानकी की एकमात्र संतान आइमानु स्कूल का समय होते ही आँगन में खेलने लगती है। (निर्देशन में आइमानु के जगह एक पुतले का इस्तेमाल किया गया है, जिसका संचालन सहयोगी कलाकार करेंगी। रघुनाथ और जानकी अपनी बेटी को ढूंढते हुए आते हैं।)

रघुनाथ : मैंने पूरा घर छान मारा और तू यहाँ छुपी बैठी है। रोज-रोज स्कूल जाने के टाइम पर कौन सा मजाक चलता है तेरा... रुक रुक अभी पकड़ता हूँ... अरे मुझे दौड़ा-दौड़ा कर मारेगी ये लड़की...

आइमानु : मैं आज स्कूल नहीं जाऊँगी। माँ देखो ना बापू कैसा कर रहे हैं।

(जानकी आती है)

जानकी : आइमानु, रोज "स्कूल नहीं जाऊँगी" बोलने से चलेगा क्या? तुम्हें आलू की सब्जी पसंद है ना? आज मैंने टिफिन में वही दिया है। ये लो पकड़ो... अरे।

आइमानु : एक बार बोल दिया न, मुझे आज स्कूल नहीं जाना तो नहीं जाना। देखो तो आज मौसम कितना खराब है।

रघुनाथ : हाय हाय, इतनी झूठी है तू, पूरा आसमान साफ है और तू कह रही है मौसम खराब है। उसको पकड़ो तो

सही जानकी।

जानकी : तुम रोज स्कूल जाते समय ऐसे बहाने क्यों बनाती हो?

रघुनाथ : बिना स्कूल गए तू बड़ा आदमी कैसे बनेगी आइमानु?

आइमानु : आपसे भी बड़ा?

रघुनाथ : मुझसे ही बड़ी क्यों, अपनी माँ से भी बड़ी होगी तू।

जानकी : तुम्हारे बापू जो दूसरों के घर में मजदूरी करने जाते हैं, वह क्यों जाते हैं? आइमानु?

आइमानु : ताकि हम लोग अच्छे से खा-पी सकें, और मैं बड़ी होकर आप लोगों की देखभाल कर सकूँ।

रघुनाथ : हमारी देखभाल करने की जरूरत नहीं है बेटी... तुम पढ़-लिखकर खूब तरक्की करो और इस समाज के अच्छे-बुरे का ध्यान रखना सीखो।

(आइमानु के साथ खेल-खेल में बातचीत हो रही थी और उतने में ही वह आँगन में फिसलकर गिर गई। सहयोगी महिला शिल्पी पुतले को रखकर चली गयी।)

जानकी : कहीं पर चोट लगी है क्या? जरा देखूँ तो सही, मना किया था न तुझे आँगन में खेलने से, बोला था यहाँ फिसलन है।

रघुनाथ : (प्यार से) दिन-ब-दिन बदमाश होती जा रही है, यह हमारी आइमानु है...

(निर्देशना के अनुसार सहयोगी कलाकारों को लेकर मंच में रूपांकन बनाया गया है। सभी के हाथ में रंगीन दस्ताने और आइमानु का स्कूल बैग, किताबें, स्लेट, फ्लास्क, टिफिन। उनके द्वारा अ, आ, क, ख असमिया और अंग्रेज़ी कविताओं की एक-एक लाइन संवाद के तरह प्रकाशित किया जाएगा। उनके हाथों से

एक-एक करके सामग्री जानकी और रघुनाथ लाएँगे और आइमानु को स्कूल के लिए तैयार करेंगे।)

रघुनाथ : कितना प्यारा बैग। यहाँ किताबें भरकर दे रहा हूँ।

जानकी : इस टिफिन में आलू की सब्जी भर दी है।

रघुनाथ : इस स्लेट में क, ख लिखना... फ्लास्क में पानी है, प्यास लगने पर पी लेना... जानकी कुछ बोलो भी।

जानकी : हमारी आइमानु को कौन ज्यादा पसंद है?

रघुनाथ : मैं।

जानकी : हम दोनों से वह प्यार करती है।

रघुनाथ : चलो चलो अब हमारी आइमानु स्कूल जाएगी। अच्छे से मन लगाकर पढ़ेगी। स्कूल में बिल्कुल बदमाशी मत करना। जो पढ़ाएँ मन लगाकर पढ़ना। चलो चलो...

(निर्देशना के अनुसार सहयोगी कलाकार नाव की प्रतिकृति बनाएँगे। नदी के उस पार जाने की तैयारी।)

रघुनाथ : और ये देखो हम पहुँच गए। चलो चलो।

(निर्देशना के अनुसार रघुनाथ आइमानु को नाव में बैठा देता है। नाव नदी में बहते हुए आगे बढ़ती जाती है। रघुनाथ और जानकी देखते रहते हैं। तभी बहुत जोर से एक आवाज सुनाई देती है। मूसलाधार बारिश। रघुनाथ और जानकी घबराकर प्रस्थान करते हैं। बारिश और तेज होती है... तूफान आता दिखाई देता है। बिजली गरजती है, नाव रास्ता भटकता है। नाव ऊपर-नीचे जा रही होती है। यात्रीगण अपने आपको बचाने की पूरी कोशिश करते हैं। आइमानु डर के मारे चीखने-चिल्लाने लगती है। आइमानु को बचाने की भी लोग कोशिश करते हैं। एक वक्त ऐसा आता

है जब आइमानु पानी में डूब जाती है। गाँव के लोग एक-एक करके नदी के किनारे इकट्ठा होते हैं। सबकी प्यारी आइमानु को नदी में ढूँढने को लोग तत्पर होते हैं।)

व्यक्ति 1 : काका, अँधेरा हो रहा है। अभी नहीं ढूँढ पाएँगे।

व्यक्ति 2 : ये पुलिस वाले यहाँ क्या झक मार रहे हैं?

व्यक्ति 3 : काका और आगे नहीं जा सकते, पानी का बहाव बहुत ज्यादा है।

महिला : ढूँढते रहो। ठीक से ढूँढो।

सभी : ढूँढना तो पड़ेगा। अगर आज नहीं मिली तो कल गाँव के दूसरी ओर जाना पड़ेगा।

(गाँव के लोगों में बातचीत होती दिखती है। फुसफुसाते हुए सभी बातें करते नजर आते हैं... आइमानु के न मिलने पर सभी दुख और हताशा से पीड़ित दिखाई पड़ते हैं। रघुनाथ आता है... गाँव का हर एक व्यक्ति उसे सांत्वना देते हुए जाता है।)

संगीत : रघुनाथ बिलखने लगता है... और नदी के किनारे दुख के मारे टूट जाता है।

रघुनाथ : लाडो आजा मेरे पास, देख तेरा बाप आया है... आजा लाडो मेरी। तेरी माँ और मैं तेरा खाने में इंतज़ार कर रहे हैं लाडो, आजा ना।

(जानकी हाथ में एक दिया लेकर आती है।)

जानकी : आप सारी रात यहाँ ऐसे ही बैठे रहेंगे क्या? चलिए घर चलते हैं।

रघुनाथ : नहीं, मैं कहीं नहीं जाऊँगा। पूरी रात यहाँ ऐसे ही बैठा रहूँगा। मैं अपनी लाडो को साथ लेकर ही जाऊँगा

जानकी।

जानकी : आप अगर ऐसे ही करते रहे तो मैं कहीं चली जाऊँगी।

रघुनाथ : जाओ... अभी मेरे सामने से दूर हो जाओ। मैं उसे छोड़कर कहीं नहीं जाऊँगा। गाँव वाले झूठ बोल रहे हैं, जानकी। वह यहीं पर है... यहाँ पानी का बहाव ज्यादा है, यहाँ से बहते-बहते वह वहाँ थोड़ी दूर जाकर निकली है... लाडो, मेरी लाडो... (रघुनाथ रो-रो कर उसे ढूँढने लगता है।)

जानकी : आप क्यों ऐसा कर रहे हैं...

रघुनाथ : वह यहीं है जानकी, उसे मैं यहाँ से अपने साथ लेकर जाऊँगा जानकी...

(पर्दा गिरता है)

दृश्य-3

रघुनाथ घर के आँगन में खड़ा है। आइमानु की यादें उसके जहन में बार-बार आती हैं... उसका स्कूल बैग, टिफिन, किताबें, स्लेट—यह सब सहयोगी कलाकारों की सहायता से, निर्देशन में शंकरदेव जी की वरगीत 'उद्धव चलो हो' के सुर इस्तेमाल करते हुए एकांकी भावनात्मक नृत्य के साथ प्रस्तुत किया गया है। रघुनाथ को एक-एक करके आइमानु की चीजें दी जाती हैं। सहयोगी कलाकारों के प्रस्थान के पश्चात रघुनाथ पागलों की तरह नाचता है और जानकी प्रवेश करती है, दुख और पीड़ा में चीखती-चिल्लाती है। (निर्देशना)

(पर्दा गिरता है)

दृश्य-4

निर्देशक के अनुसार जानकी बार-बार अपने टूटे परिवार को फिर से जोड़ने की कोशिश करती है ताकि सब कुछ पहले जैसा हो जाए... । रघुनाथ के जहन से उस घटना की याद का मिट पाना आसान नहीं था। जानकी दोबारा कोशिश करती है, रघुनाथ नहीं मानता... एक वक्त ऐसा आता है जब दोनों ही शारीरिक संपर्क बनाने को आग्रह प्रकट करते हैं... (निर्देशना...)

रघुनाथ : मेरी कमीज़ लाओ।

जानकी : --------

रघुनाथ : एक गिलास पानी लाओ।

जानकी : -------

रघुनाथ : मेरा छाता लेकर आओ।

जानकी : -------

रघुनाथ : चलो मेरे साथ।

जानकी : (अचरज में) कहाँ?

रघुनाथ : (मंद-मंद मुस्कुराते हुए)... चलो तो सही।

(निर्देशना... नदी की शांत लहरें... सारे सामूहिक कलाकार अपने शारीरिक संचालन के जरिए बहती नदी को और लहरों को दर्शाते हैं। उन लहरों के बीच में से जैसे आइमानु रघुनाथ की ओर देखकर मुस्कुराते हुए अभिवादन कर रही हो।)

रघुनाथ : यहाँ पुल बनेगा जानकी... यहाँ मंदिर भी बनेगा। मंदिर के बनते ही गाँव के सभी आदमियों की दशा बदलेगी। स्कूल के बनते ही मेरी आइमाई की तरह किसी और बच्चे को नदी के उस पार जाना नहीं पड़ेगा। इस नदी ने मुझसे मेरा सब कुछ छीन लिया जानकी... इस नदी को मैं निगल जाऊँगा... यहाँ पुल भी बनेगा, स्कूल भी बनेगा।
(निर्देशना...)

(पर्दा गिरता है)

दृश्य-5

(संगीत... निर्देशना...)
सारे सामूहिक कलाकार मिलकर एक मूर्ति को ढूँढकर निकालते हैं और उसकी पूजा-अर्चना में लग जाते हैं।

दृश्य-6

(निर्देशना...)
गाँव के लोग एक-एक कर आकर इकट्ठा होते हैं...

व्यक्ति 1 : अरे ओ काका... काका।
व्यक्ति 2 : कौन है वहाँ... कौन है वह... हुआ क्या है?
व्यक्ति 3 : बहुत बड़ी बात हो गई काका, बहुत बड़ी।
व्यक्ति 4 : गाँव वालों बाहर निकलो, निकलो बाहर।

महिला : कहाँ जाना है, हाँ कहाँ?

व्यक्ति 5 : रघुनाथ के घर के पीछे जो तालाब है उसके किनारे तक पहुँचो सभी।

व्यक्ति 1 : रघुनाथ के घर के पीछे जो तालाब है वहाँ से सात हजार साल पुरानी एक मूर्ति बरामद हुई है।

व्यक्ति 2 : हाँ काका, हम भी उसी बात को सुनकर दौड़े-दौड़े चले आए।

व्यक्ति 3 : वह तो मंदिर में बैठकर चिलम फूँकता रहता है, भगवान ने ऐसे आदमी को दर्शन दिया?

महिला : उसके भाग जाग उठे।

व्यक्ति 4 : नामघर, मंदिर, गाँव के हर घर में होने वाले धार्मिक अनुष्ठानों में उसकी आस्था और भक्ति देखकर भगवान प्रसन्न हुए हैं काका।

व्यक्ति 5 : सुना है कल टीवी वाले आएँगे।

सभी साथ में : क्या, तुम सच बोल रहे हो???

लोगों में कानाफूसी बढ़ जाती है... किसी एक विषय में वे बातें कर रहे थे।

(निर्देशना... संगीत बजता है।)

(पर्दा गिरता है)

दृश्य–7

गाँव में सात हजार साल पुरानी शिव जी की मूर्ति के मिलने की बात फैलने लगी। स्वप्न में दर्शन पाकर मिलने वाली मूर्ति को देखने के लिए भीड़ उमड़ने लगी।

संवाददाता बड़े-बड़े चैनलों में लाइव आने लगे... निर्देशन में एक काले कोट को मेटाफर मीडिया के रूप में दर्शाया जाएगा... संगीत बजता हुआ।

संवाददाता-1 : नमस्कार दर्शकों। हम अभी रघुनाथ के घर में उपस्थित हुए हैं। रघुनाथ के घर से पूरे असम के वासियों को पूरी घटना हम लाइव दिखाने की कोशिश करेंगे। आज से करीब दो महीने पहले रघुनाथ की बिटिया को बाढ़ अपने साथ बहाकर ले गया था।

संवाददाता-2 : ईश्वर... आज के युग में ईश्वर का महत्व है क्या? रघुनाथ सब कुछ बोलेगा। हजारों की भीड़ उमड़ पड़ी है... रघुनाथ जिसने इस कलयुग में ईश्वर को देखा है।

संवाददाता-3 : रघुनाथ एक ऐसा व्यक्ति है जिसने बारह वर्ष तक गाँव के टूटे-फूटे मंदिर की देखभाल की है और करता जा रहा है। रघुनाथ गाँव का एकमात्र ऐसा व्यक्ति है जिसने अपनी एकमात्र बेटी का दाखिला स्कूल में कराया था। गाँव के किसी भी व्यक्ति ने अपनी बेटी का दाखिला स्कूल में कराने का साहस नहीं किया क्योंकि स्कूल नदी के उस पार था। रघुनाथ एक ऐसा व्यक्ति है जो गाँव के हित में हर एक काम बिना किसी स्वार्थ के करता आ रहा है। आज रघुनाथ मुँह खोलेगा, वह बोलेगा।

(निर्देशना... घटनास्थल में उपस्थित सारे लोग कान लगाकर हर एक बात सुनने की कोशिश करते हैं... रघुनाथ और जानकी का प्रवेश)

रघुनाथ : नमस्कार, मैं हूँ रघुनाथ और ये मेरी पत्नी जानकी। पिछले कुछ दिनों से मेरा घर में बिल्कुल मन नहीं

लग रहा था। घर आकर कुछ खा-पी कर मैं मंदिर में ही पड़ा रहता था। दिन-ब-दिन मेरी तबीयत बिगड़ने लगी। कल कुछ ज्यादा ही खराब हो गई। घर जाकर खाना खाने की भी ताकत नहीं थी। मेरी बेटी को गुजरे अभी दो ही...महीने हुए थे। अगर मुझे भी अगर कुछ हो जाए तो मेरी पत्नी का क्या होगा। भोले बाबा को बहुत बुरा-भला कहा। रोया। इतनी तकलीफ़ मेरे किसी शत्रु को भी न मिले, यह कहकर बाबा के समक्ष एक पत्थर पर सिर पटक-पटक कर गिर पड़ा। तभी अचानक मेरा पूरा शरीर मानो जैसे तपने लगा था। हाथ-पैर काँपने लगे थे। सुन्न कर देने वाली हवा छूकर गुज़री थी। आँखें धुँधला गई थीं। टिंग... टिंग... टिंग... और एक सफेद रोशनी उभरती आ रही थी। कहाँ से इतनी ताकत मिली पता नहीं, लेकिन मैं उठकर दौड़ने ही वाला था कि तभी किसी चीज़ ने मुझे दबोच लिया और मैं धराम से गिर पड़ा। देखा तो सामने बाबा खड़े थे और मैं उनके श्री चरणों में था। मैं बहुत डर गया, कुछ बोलने ही वाला था कि तभी बाबा ने कसकर एक थप्पड़ लगाया और कहा कि सिर्फ मेरे जीवन में ही कष्ट नहीं है, दुनिया का हर एक आदमी समस्याओं से पीड़ित है। हर एक व्यक्ति दुख का बोझा ढोता है, तू अकेला नहीं है... ईश्वर मेरी आस्था और भक्ति से प्रसन्न हुए हैं। मैं उन्हें निहारता रहा। फिर अचानक मेरी पीठ पर मुक्का मारते हुए बोले—तेरे तालाब में मछली है या नहीं? मैंने बोला सोसाइटी से सात हजार रुपये लाकर तालाब में जो छोटी मछलियाँ डाली थीं, लेकिन बाढ़ आने से पहले सब चोरी हो गयीं। बाबा हँस पड़े और मेरे बालों में

उंगलियाँ फेरते हुए बोले—इस तालाब में करोड़ों की संपत्ति है। मैं आश्चर्यचकित रह गया। उन्होंने बोला तेरे तालाब में सात हजार वर्ष पुरानी मेरी मूर्ति है। तालाब को खोद कर मूर्ति निकाल और तेरे आँगन में एक मंदिर बनवा कर उस मूर्ति को स्थापित कर। उसके बाद से देखना तेरे और सारे गाँव वालों पर आने वाली विपत्ति टल जाएगी। यह खबर गाँव के लोगों से साझा कर जा। इतना बोलते ही बाबा गायब हो गए। मेरी हालत ऐसी थी कि मैं रोऊँ या हँसू पता नहीं चल रहा था। मंदिर की घंटी दस बार तक बजाकर मैं भागते-भागते घर पहुँचा... और बेहोश हो गया। उसके बाद जो हुआ वह मेरी बीबी बता पाएगी...

(निर्देशना...)

जानकी : मैं डर गई और इनको क्या हुआ पूछ-पूछ कर चिल्लाने और रोने लगी। घर में हलचल होते देखकर पड़ोस के चाचाजी आ गए। उन्होंने उन पर पानी छींटा, उसके बाद वह उठे और चाय बनाने को बोले। तब तक सुबह हो चुकी थी। उन्होंने पूरी बात बताई और फिर यह आज का दिन है।

(निर्देशना...उच्च स्वर में संगीत)

(पर्दा गिरता है)

दृश्य - 8

(गाँव में जो घटना घट गई थी उसे कुछ लोग मान नहीं पा रहे थे। इसी बात पर एक अदृश्य शक्ति इन लोगों को बहला-फुसलाकर घटना को एक नया मोड़ देने के षड्यंत्र रचने में लग पड़ते हैं। निर्देशना...)

व्यक्ति 1 : साला हरामी, इसने ईश्वर को देखा है। कान के नीचे बजाने का मन करता है।

व्यक्ति 2 : कौन सा ईश्वर? किसका ईश्वर?

व्यक्ति 3 : ईश्वर तो एक ही है, हम ही ने बाँटा है।

व्यक्ति 4 : यहाँ पर कभी भी मंदिर की स्थापना नहीं होगी।

व्यक्ति 1 : रघुनाथ को पटाने से हो जाएगा।

व्यक्ति 2 : हमारी बात न मानने पर मार-मार कर उसका कचूमर बना देंगे।

व्यक्ति 3 : उसके साथ पूरा गाँव है।

व्यक्ति 4 : छोड़, मूर्ति लापता कर देंगे।

व्यक्ति 1 : वह झूठ बोल रहा है, गलत कर रहा है। ऐसा कहकर उसे फँसाने में कितना समय लगेगा? ...

(सभी हँसते हैं... निर्देशना / संगीत)

(पर्दा गिरता है)

दृश्य-9

(निर्देशना... रघुनाथ का घर। रघुनाथ और जानकी सो रहे हैं। घर को दर्शाने के लिए नई मंच सज्जा। दो अपराधी आते हैं। संगीत बजता है।)

अपराधी 1 : अरे ओ रघुनाथ, सो गया क्या? ज़रा दरवाज़ा तो खोल।

अपराधी 2 : खोलेगा कि नहीं?

जानकी : (नींद से जागते हुए) : कौन है?

अपराधी 1 : हम आम आदमियों की तरफ से आए हैं... जल्दी दरवाज़ा खोल।

जानकी : ये सो गए हैं। सारा दिन काम करके आए हैं, थके-हारे हैं। आप लोग सुबह आइए।

अपराधी 2 : सुबह तक बहुत देर हो जाएगी। थोड़ा ज़रूरी बात करना था। हम गाँव वालों की तरफ से हैं, उसे बोलो, वह समझ जाएगा।

अपराधी 1 : उसे जगाओ... अरे ओ रघुनाथ...!

जानकी : सुनते हैं... मालिकों ने अपने आदमी भेजे हैं। आपको पूछ रहे हैं। उठकर देखिए ज़रा।

रघुनाथ : इतनी रात को कौन आ गया?

अपराधी 2 : अरे ओ, दरवाज़ा खोल।

जानकी : मुझे बहुत डर लग रहा है।

रघुनाथ : डरो मत। दिया जलाओ और छुरा साथ में ले लो। कौन हैं आप लोग? आइए, अंदर आइए, बैठिए।

अपराधी 1 : हम यहाँ बैठने नहीं आए। (निर्देशना) लोगों ने देख लिया तो कुछ गलत मतलब निकालेंगे।

अपराधी 2 : हमारे साहब ने मूर्ति ले जाने को कहा है। तुझे इसके

बदले जो चाहिए, वही मिलेगा।

अपराधी 1 : लोगों से बोल देना कि मूर्ति घर में से ही कहीं खो गई।

रघुनाथ : इतना बड़ा सफेद झूठ मैं नहीं बोल सकता।

अपराधी 2 : मूर्ति तो तुझे देनी पड़ेगी। मालिक को गुस्सा आ गया तो तुम्हें कुछ मिलेगा भी नहीं, साथ ही जान से हाथ धोना पड़ेगा, वह अलग।

अपराधी 1 : तेरी बीबी से तुझे प्यार नहीं?

रघुनाथ : सूअर के बच्चों, उसे हाथ मत लगाना!

अपराधी 2 : मूर्ति दो। इसकी असली जगह यहाँ नहीं है।

अपराधी 1 : यहाँ स्कूल बनेगा... पुल बनेगा... हम यहाँ क्या झक मारने को बैठे हैं?

अपराधी 2 : तुम जैसे गँवारों को केवल अंगूठे की वजह से ज़िंदा रहने दिया है।

(निर्देशना... जानकी को छूने लगता है, साड़ी का आँचल खींचने लगता है)

रघुनाथ : इससे पहले कि मैं जानवर बन जाऊँ, तुम लोग जाओगे कि नहीं यहाँ से! जानकी, मेरी छुरी निकालना ज़रा...इन सूअर के बच्चों की इतनी हिम्मत! मेरे रहते मेरी बीबी पर हाथ डाला इन्होंने!

(निर्देशना... दोनों अपराधी भागते हैं... रघुनाथ जानकी का आँचल ठीक करते हुए रोता है)

मुझे माफ़ कर देना जानकी... मेरे होते हुए भी...

जानकी : मर्द नहीं रोते, आप क्यों रो रहे हैं? चुप हो जाइए।

(निर्देशन-संगीत)

पर्दा गिरता है

दृश्य 10

(निर्देशन... रघुनाथ के साथ जो मानसिक उत्पीड़न हुआ और जानकी के साथ जो दुर्घटना घटी, वह उस पिछड़े हुए गाँव के लिए कोई साधारण घटना नहीं थी। गाँव में बात फैलते ही दोषियों को उचित सज़ा मिलने की माँग करते हुए सभी इस घटना के विरोध में सड़क पर निकल पड़े। तेज आवाजें...)

भीड़ के नारे : मालिक आए, मालिक जाए!
हाय हाय! हाय हाय!
सभी घरों से निकलो बाहर!
सलाखों के पीछे हों गुनहगार!
गुनहगारों को सज़ा मिलकर रहेगी!

सभी एक साथ : मिलकर रहेगी! मिलकर रहेगी!
भीड़ : We want justice!
सभी साथ में : Justice! Justice!

भीड़ : रघुनाथ की बीबी पर हाथ डाला है!
भीड़ : हाय हाय! हाय हाय!
(पूरा दृश्य अंग संचालन / मूक अभिनय के माध्यम से डिज़ाइन करके दिखाया जाता है)

पर्दा गिरता है...

दृश्य-11

(निर्देशना : रघुनाथ का घर। जानकी और रघुनाथ दोनों अपने-अपने काम में व्यस्त हैं। उनके बीच की सामान्य बातचीत धीरे-धीरे झगड़े में बदल जाती है। धीमा संगीत।)

जानकी : आज तक मैंने आपसे कुछ भी नहीं माँगा था।

रघुनाथ : तू चुप रहेगी या नहीं?

जानकी : क्यों चुप बैठूँ मैं? आपने शादी के लिए सिर्फ एक बार पूछा था... और मैं आ गई... बिना घरवालों की परवाह किए।

रघुनाथ : ये सब पुरानी बातें हैं।

जानकी : लेकिन मेरे लिए नई थीं। छत टपकती थी... देर रात तक गद्दों-तकियों को पानी से बचाकर बैठी रहती थी... फिर भी कुछ नहीं कहा।

रघुनाथ : अभी भी बोल रहा हूँ, चुप हो जा... वरना...

जानकी : कभी-कभी खाने को भी नहीं मिलता था... जो कुछ मिलता था, उसी से जैसे-तैसे गुज़ारा होता था... रोती रहती थी... फिर भी कुछ नहीं कहा... लेकिन आज मैं बोलूँगी, रघुनाथ... आज बोलूँगी!

(निर्देशना : तनाव बढ़ता है)

रघुनाथ : तू मुझे नाम से पुकार रही है? मेरा नाम लेकर बात करने की हिम्मत कहाँ से मिली तुझे?

बाप रे बाप...हिम्मत तो देखो इसकी! ये अब मुझे नाम से बुलाएगी?

(निर्देशना : रघुनाथ जानकी के साथ बदसलूकी करता है)

जानकी : मारो... मार डालो मुझे!

(जानकी रोती है। रघुनाथ रुक जाता है। उसे पछतावा होता है। वह जानकी को अपनी ओर खींचना चाहता है।)

जानकी : मुझे बहुत डर लग रहा है...

रघुनाथ : मुझे कुछ नहीं होगा, जानकी...

जानकी : आप सबको सच बता दीजिए कि ये सब झूठ है... आपको कोई सपना नहीं आया था...एक झूठ की वजह से आपको उम्र भर सज़ा मिलेगी...

रघुनाथ : झूठ से राजनीति की जाती है। झूठ बोलकर ही चोर राजा बनता है। झूठ से देश चलता है। एक सपना सजाया है मैंने, जानकी। बाँध का पैसा अगर नहीं मारते तो बाँध मज़बूत होता। पुल बनता तो पानी में तैरकर आइमानु को स्कूल नहीं जाना पड़ता। मैंने अभी जो सपना देखा है वही सच है, जानकी... वही सच है।

जानकी : सपना तो सपना ही होता है। सपने झटके में टूटते हैं, खो जाते हैं। हम ठहरे आम आदमी। कुछ भी करके देख लो, सपनों की तितली हमारी पलकों पर नहीं बैठती। हमारे सपने काँटों से भरे हैं, हमारे सपने आलसी हैं, कामचोर हैं।

(रोता है... निर्देशना)

रघुनाथ : चलो जानकी... सबको कभी बोल देते हैं। मुझे कोई सपना नहीं आया था। मुझ पर पाप चढ़ेगा। ईश्वर के नाम पर मैं क्या कर रहा हूँ, ज़रा सोचो। मैं अधर्मी हूँ, पापी हूँ। मुझे ईश्वर माफ़ नहीं करेंगे। मैं लोगों को धोखा देकर कैसे ज़िंदा रहूँगा? सब मुझ पर हँसेंगे।

(जानकी रघुनाथ के सीने पर सिर रखकर सो जाती है)

(निर्देशना... रघुनाथ माया के आवेश में समा जाता है। शीशे में अपने आप को निहारता है। उलझे बालों को सुलझाने की कोशिश करता है। बाल फिर से उलझ जाते हैं... गाँव के लोग जैसे उस पर हँस रहे हों...)

व्यक्ति 1 : रघुनाथ, तू धोखेबाज़ है।

महिला : ईश्वर का नाम लेकर तूने लोगों को ठगा है।

व्यक्ति 2 : नरक की आग में जलेगा तू, रघुनाथ।

व्यक्ति 3 : कीड़े पड़ेंगे तुझे, खून की उल्टियाँ करेगा तू।

व्यक्ति 4 : इनको नंगा करके पेड़ पर उल्टा लटकाकर पीटना चाहिए।

व्यक्ति 5 : ईश्वर तुझे सज़ा देगा...

(तेज़ आवाज़ में बोलने लगते हैं। रघुनाथ बार-बार बालों पर हाथ फेरता है, उन्हें सुलझाने की कोशिश करता है...)

रघुनाथ : *(शीशे में सबको देखता है)* चुप रहो... चुप रहो...

(जानकी जाग जाती है)

जानकी : अरे क्या हुआ आपको? ऐसा क्यों कर रहे हैं?

(निर्देशना...रघुनाथ जानकी को पास बुलाता है।

अच्छे से उसे निहारता है। जीवन का मोह त्याग कर वह ख़ुदकुशी करने का फ़ैसला लेता है। जानकी के माथे को चूमता है और अचानक तेज़ी से बाँध की तरफ दौड़ता है। पीछे-पीछे जानकी भी जाती है...)

जानकी : सातों जनम साथ निभाने का वादा किया था तूने, कुत्ते... अब ये क्या कर रहा है?

रघुनाथ : *(कूदने जाता है पर रुक जाता है)* चल,..... साथ में मरते हैं।

(दोनों नदी में कूदने जाते हैं तभी दूर से किसी की आवाज़ सुनाई देती है। दोनों रुक जाते हैं।)

नेपथ्य में आवाज़ : अरे ओ रघुनाथ... तुझे हर जगह ढूँढ लिया... और तू यहाँ है...

व्यक्ति 2 : एक खुशखबरी है, रघुनाथ... खुशखबरी!

व्यक्ति 3 : तेरे घर में सारी बड़ी-बड़ी हस्तियाँ आकर इकट्ठा हुई हैं। जल्दी घर आ जा...

व्यक्ति 4 : यहाँ क्या कर रहा है तू, रघुनाथ... आ जल्दी...

(एक खुशखबरी रघुनाथ को आह्लादित करती है... वह रोए या हँसे, उसे कुछ समझ नहीं आता... जानकी को गले लगा लेता है...)

रघुनाथ : यहाँ पुल बनेगा... भव्य मंदिर बनेगा... स्कूल भी बनेगा... पुल के बनते ही गाँव के बच्चों को नदी के उस पार नहीं जाना पड़ेगा। गाँव की हर लड़की में मुझे मेरी गुड़िया दिखेगी। बच्चे पढ़ेंगे... शिक्षित बनेंगे... तुझे समझ आ रहा है जानकी? दुनिया में कोई छोटा-बड़ा नहीं रहेगा।

जानकी : लोगों की सोच छोटी होती है... गरीब...

रघुनाथ : लोगों के दिल कब साफ़ होंगे?

जानकी : चरवाहों के गीत जब घर-घर गूँजेंगे, तब से...

रघुनाथ : वाह... तू पिछले जनम में कवि थी क्या?

(दोनों हँसते हैं... गाँव की ये खुशखबरी चारों तरफ फैल जाती है... हर एक व्यक्ति अपना दुख-दर्द भूलकर नाचने लगता है... रघुनाथ को सभी प्रणाम करते हैं... सभी के चेहरे खिल उठते हैं... निर्देशना... संगीत...)

समापन